コンサルタントのための

課題解決型ヒアリングの技術

寺嶋 直史 著

中央経済社

はじめに

私の仕事のメインは事業再生コンサルティングです。具体的な内容としては、事業調査報告書を作成するという事業デューデリジェンス（以下、事業DD）や経営改善計画の策定、現場の支援を行う実行支援があります。

また、M&A業務でもビジネスDD（M&Aで事業DDは「ビジネスDD」と呼ばれています）を実施して、事業調査報告書を作成しています。

その他、1年で一流の経営コンサルタントを養成する「経営コンサルタント養成塾（以下、経コン塾）」の塾長としてさまざまな講義を行うとともに、書籍の執筆もしています。

日常業務において事業DDや計画策定、実行支援を行いながら、その中で新たな発見をして自身のスキルを高め、それらを経コン塾のテキストに反映させて塾生たちにノウハウを伝えたり、書籍を出版したりすることを繰り返しているのです。

これらの業務によって、顧客などからは高い評価を受けており、感謝されることが多く、私自身、自らの提案が相手に役立ったと実感することができ、高い満足感や達成感を感じています。

相手からの感謝などの社会的報酬を受けながら自らも成長するという好循環の中で、非常に充実した仕事ができています。

こうしたサイクルで仕事が行えるのは、クライアントに踏み込んだ支援を行っているからであり、この「踏み込んだ支援」を行うには、本書でお伝えする「課題解決型ヒアリング」が必須になってきます。

しかしながら、これまでさまざまなコンサルティング手法を見聞きしてきましたが、踏み込んだ支援ができていると感じることが少ないように感じています。

例えば、事業再生の事業ＤＤにおいて、多くの事業調査報告書では、中身は単に会社の表面的で部分的な情報を「整理」しているだけで、「課題抽出」が十分に実施されていません。そのため会社の問題点や強みが不明確のままで、再生のための具体策を示すことができていないのです。

また、会計系のコンサルティング会社が作成する事業調査報告書では、会社概要に加えて会計の元帳を貼付するようなものもよく見かけます。

さらにＭ＆Ａで行う事業調査報告書では、ホームページの内容を若干アレンジしたものに簡単な情報を加えたようなレベルのものも見受けられます。

その他、現場での実行支援でも、現状把握が不十分な中で、上から目線で自身の知識をクライアントに押し付けるようなコンサルティング事例も耳にします。

また、ある程度規模の大きいコンサルティング会社では、相手の問題に対して十分な原因究明を行わない中で、自社の持つパッケージを売り込むようなことも起きています。

さらに、「コンサルタントが答えを出さなくてよい、答えは社長が出すべき」という、コーチングと混同したコンサルティングも、さまざまな場面で行われています。これは「コンサルタントが答えを出したら社長が考えなくなる」という理屈ですが、そもそもコンサルタント自身が相手に最適な答えを導き出せておらず、単に答えを出すことができない言い訳でしかないように思います。

社長は自身の会社の業務については詳しいですが、経営そのものや戦略・戦術に関する専門知識やノウハウは持っていません。その中で社長が答えを出したとしても、会社の再生や成長のための有効な施策になるケースは少ないのです。

そもそも、クライアントが求めるのは、現状の課題をどうすれば解決できるのかという「答え」です。それをコンサルタントが「答えを出すのは社長である」と主張してしまうと、社長は「コンサルティングとはそういうものだ」と思って従うしかなくなってしまいます。
こうした場合でも、何百万円というコンサルティングフィーを支払わなければならないケースもあるのです。

なぜコンサルティングではこのような状況が頻発するのかというと、背景には、コンサルティングの内容がブラックボックスであること、それに伴いコンサルティングの質をクライアント自身が評価するのが難しいことがあります。ただしそもそもの要因としては、コンサルタントのヒアリングのスキルが低いため、コンサルタントがクライアントの情報を十分に把握することができていないことなのです。

このようなコンサルティングでは、クライアントは課題を解決できないばかりか、課題抽出も不十分で、結局何が問題なのかさえもわかりません。そしていくらコンサルタントが経験を積んでも、自分の知識を当てはめたり、相手に考えさせたりするという、どの企業に対しても同じ施策（パッケージ）を提案する作業的なやり方を繰り返すだけなので、コンサルタント自身のスキルが高まらず成長することも難しくなります。

本書では、相手に合わせた最適な提案ができるようになるための、「課題解決思考」と「ヒアリングルール」を組み合わせた「課題解決型ヒアリング」の具体的な手法をお伝えします。

このヒアリング手法を習得し、現場で実践できれば、コンサルタントとしての提案力は一気に向上します。日常の仕事を通じて、コンサルティングのレベルを向上させ、成長させていくというサイクルを実践できるようになります。

その結果、相手から感謝され、本当にクライアントに役立ったと実感できる充実した仕事人生を送ることができるようになります。

本書によって、課題解決型ヒアリングを習得し、一人でも多くのコンサルタントが、高いレベルでコンサルティング業務が行えるようになることを願います。ひいては、日本の中小企業が、再生し、成長し、価値を高めていくことができるようになれば、著者としてこの上なく幸せに感じます。

2024年1月

株式会社レヴィング・パートナー
代表取締役　**寺嶋直史**

目　次

第4章　ヒアリング7ルール　127

【第１章】

課題を解決できないヒアリングの問題点

1. プライベートとビジネスのヒアリングの違い

コンサルタントの仕事内容は、課題を抱えている企業や金融機関、商工会議所などの支援機関等から依頼を受けて、解決に向けた支援活動を行うことです。そして上質なコンサルティングとは、相手企業の課題が解決するための最適な提案を行い、実行させることです。

しかし、世の中のコンサルタントは、「単に指摘をするだけ」「他社の事例や自身の知識・経験をそのまま当てはめるだけ」「コンサルタントが提案をせずに社長や会社側で答えを出させる」「コンサルタントが保有するパッケージを売り込む」というケースが多いのが現状です。

こうしたコンサルティングが行われる背景には、多くのコンサルタントが、コンサルティングに必要なヒアリングのノウハウ、スキルを保有していないことがあります。

コンサルティングのヒアリングには一定のノウハウが必要なのです。

しかし、ヒアリングにスキルが必要であると認識しているコンサルタントはほとんどいません。その要因は、ヒアリングを単に文字通り「聞く」ことであると認識し、皆が仕事以外のプライベートでも日常的に行っているものであるため、ヒアリングには「ノウハウが必要」ということを認識していないこと、またそれ以前に「ノウハウがある」ことさえ気づいていない人が多いことです。

実際に一般的なヒアリングの研修で教える内容は「信頼関係の構築」などが目的となっているため、講義内容は「傾聴」「共感」などが主体であり、ヒアリングの技術的な内容を教えている研修は皆無ではないでしょうか。

本章では、コンサルタントが陥りやすいヒアリングの課題について説明していきます。詳細に入る前に、まずはビジネスで行うヒアリングとはどのようなものかを理解できるよう、「プライベート」と「ビジネス」でのヒアリングの違いについて説明します。

私たちは日常生活でさまざまな会話を通してヒアリングを行っています。そしてビジネスの世界でも、相手からヒアリングを行うケースは多々あります。状況によってヒアリングの内容はさまざまですが、プライベートとビジネスでは、ヒアリングの目的は大きく異なります。

まずプライベートで行うヒアリングの目的は、主に「楽しむ」ことです。相手は自分が話したいこと、聞いてもらいたいことを話して、聞き手はそれを共感したり励ましたりしながら聞いて、一緒に喜んだり笑ったりして会話自体を楽しみます。内容は日常会話が中心で、専門用語が飛び出すこともないので、相手の話が十分に理解できなくても楽しければ特に問題はないのです。

一方でビジネスでのヒアリングの主要な目的は「情報収集」です。そのためプライベートと違って相手の話の理解が不十分では許されません。

一般的なヒアリングの研修では「信頼関係」を重視し、「傾聴」「共感」や「うなずき」「笑顔」といった要素が重視されますが、これらはあくまで副次的なものであり、情報を正確に収集するための「手段」です。相手との信頼関係の構築は重要ですが、それが主要な目的ではありません。

このようにヒアリングはプライベートの日常生活の中で日々行われているものと思われがちですが、ビジネスでのヒアリングはプライベートとまったく別物で、まずは正確に情報を収集するためのものであると認識することが重要です。

2. 問題点①：現状把握が不十分

本項から、コンサルティングのヒアリングに関する問題点について説明します。コンサルタントが実施しているヒアリングにはさまざまな問題がありますが、最大の問題は、コンサルタントが必要な情報の現状把握が不十分であり、その状態でクライアントに提案したり、指摘したり、報告書を作成したりしていることです。

ビジネスのヒアリングの目的の一つは情報収集ですが、コンサルティングのヒアリングでは、その目的が十分に達成できないのです。

コンサルティングとは、相手企業の課題が解決するための最適な提案を行い、実行させることですが、この「最適な提案」を行うために必要不可欠なのが「現状把握」です。コンサルタント自身が相手企業の情報を正解に理解しなければ、当然相手に最適な提案ができないからです。

会社の現状把握の手段として、大きくは①数値分析（定量分析）、②内部環境分析（定性分析）の2点があります。

数値分析（定量分析）は、PL／BSの財務分析や、顧客別・商品別売上推移などで、会社の収益状況や財務基盤といった数値面の課題を明らかにするものです。

そして内部環境分析（定性分析）は、ヒアリングによって、数値面で悪化している箇所の要因を探っていきます。

つまり数値分析（定量分析）と内部環境分析（定性分析）は、問題と原因の関係であり、PLやBSといった数値面の悪化の要因を究明するのがヒアリングであるともいえます。これらの数値上の問題は、ヒアリングで内部環境の中から原因を究明して改善しなければ、解決しません。

例えば、高コスト体質で営業利益がマイナスに陥っているA社・B社・C社という複数の製造業があるとします。営業利益がマイナスである原因は、A社は無駄な作業を繰り返していること、B社は作業員のスキル不足で手待ちが発生していること、C社は安価な値付けによるものです。

つまり、「営業利益がマイナス」という「問題点」は各社同じなのですが、「原因」は会社によって異なっています。そのため、各々の原因を究明して改善しなければ、各社の問題である営業利益はプラスにはなりません。

また、営業利益がマイナスになる原因は、通常は１つではなく、さまざまな要因が関係している場合が多く、それらの原因をすべて究明して修正しなければ、営業利益は改善しません。

つまり、現状把握が十分でなければ良い結果は生まれないのです。

これはコンサルティングに限ったことではなく、サラリーマンや会社経営者でも、「結果を出せない」「課題を解決できない」「報告書や提案書などの成果物の品質が低い」と悩んでいる人は少なくありません。それは現状把握が不十分であることが根本原因であることが多いです。「現状を把握するのは当たり前」と思っている人も多いと思いますが、実際にはできていないケースが非常に多いのです。

例えば、仕事で課題を解決する際に、現状を把握せずに知識や経験だけで解決策を導き出しても、物事は解決しません。「現場を知らずに机上だけで議論していても現場の問題は解決しない」ということです。

また、他社の成功事例をそのまま模倣するケースもあり、多くの場合、テレビや雑誌、ビジネス書等で見た著名な経営者の手法をそのまま模倣することが多いです。しかし、模倣する企業の事例は、業種や商品が異なり、当然ターゲット顧客やニーズも異なっており、会社の経営資源もまったく違うものです。そのような会社の経営手法を戦術レベルで模倣しても、自社の問題の原因を究明し改善しているわけではないので解決しません。

また、過去の成功例に固執して同じ施策を繰り返すのも、過去と現在とでは経済状況や会社を取り巻く環境は大きく変わっているため、改めて新たな改善施策を講じなければうまくいくとは限りません。

サラリーマンで多いケースが、現場で問題が発生しても、従来と変わらずルール通り、規則通りに実施する場合や、現場の状況を理解していない上司の指示通り行動することです。決裁者が現場の状況を把握していない中で物事を決定してしまうため、その決定事項を現場で実施しても現場の課題は解決しません。しかし現場は指示通りに動くしかないため、いくらがんばっても現場の課題が解決しない、となるわけです。

特に日本の古い体質の企業は、上層部が現場をタイムリーに理解していないというケースが多く見られます。現場を知らない上層部だけで会議を行い、決め事をしてしまうのです。

私はサラリーマン時代、大企業で営業として働いていたことがありました。その会社では、事業部の会議で各部の部長と課長を集めて最終決定の会議を行うのですが、私の所属する部

【結果が出せない、課題を解決できない要因】

- 問題に対し、自分の知識や経験から解決策を提示する
- 他社の成功事例をそのまま模倣する
- 過去の成功例に固執して、同じ施策を繰り返す
- 現場の状況に関わらず、ルール通り、規則通りに動く
- 現場の状況に関わらず、上司の指示どおりに行動する
- あるべき論（理想論）で提案する
- 施策が小手先・部分的である

⇩

すべての要因は「現状把握不十分」にある！

門の部課長はいわゆるイエスマンであり、現場もよく理解していなかったため、意味のない無駄な作業を強いられることがよくありました。

そういう状況が繰り返されるため、ある日私は課長に「こんなことやっても何も変わらない、意味がない。そう事業部長に言えばいいだけです」と進言したことがありました。しかしいくら言っても反応が薄いため、少しトーンを上げて主張したところ、課長に「事業部長の言ったことは法律だ！」と怒鳴られてしまいました。

こうして現場を知らない上層部が、現状把握を行わずに決め事をして、現場で無駄な作業が繰り返されるわけです。それによって上層部向けの提出資料が増え、事務作業が大幅に増えるのですが、そうした中で「もっと外出せよ」と上から指示が出たりするので、皆やる気を失っていました。

こういうケースは大企業に限らず、中小企業にもよく見受けられます。ワンマン経営の中小企業では、社長の鶴の一声ですべてが決定します。社長が現場を熟知して決定事項が現場に即したものであればいいのですが、そうではないケースが多いのが現状です。

一方で、ＩＴ関係のベンチャー企業の若い経営者が即断即決で短期間のうちに事業規模を拡大させているケースをよく見ます。これらは社長が常に現場の状況を迅速に把握しているからできる技なのです。タイムリーな現状把握による即断即決で、市場環境に即応して改革をしているからこそ、急成長しているのです。

また、現状把握をせずに決定する事例は、政治でもよく見られます。

政治家は、私たちに向かっては「市民の声を政治に反映させる」とよく言います。そういう志を持って政治活動をしている政治家はもちろんいると思いますが、結局は各党の支援団体の圧力や関係省庁の都合で政策が決定されることがよくあります。

「これだけ市民が騒いでいるのに、なぜ解決させられないのか?」とテレビを見ながら感じることがとても多いのですが、結局は、多くの票を持っている支援団体や、法案を提案する中央省庁の思いどおりに動いているように感じます。

こうして、現場の現状把握を行わずに物事が決まっていく例は非常に多いのです。だから、古い体質の企業や国は、世の中の変化に対応できず、現状維持を続けて競争力を失っているのです。

このように、結果が出せない、課題を解決できない例をいくつか挙げましたが、これらの要因はすべて、現状把握が不十分であることなのです。

3. 問題点②：課題抽出、原因究明が不十分

優れた成果物を作成したり、的確な提案を行ったりして結果を出すためには現状把握が重要ですが、わかっていても実際にはできていないケースが非常に多いことがおわかりいただけたと思います。

ただし課題解決がゴールであれば、現状把握はあくまで最初の第一歩でしかありません。現状を把握したら、次に問題点を抽出する必要があります。

「問題点」とは、例えば、「営業利益がマイナスである」とか、「営業成績が悪化している」といったことです。

ただ、こうした内容であれば社長自身が理解しているケースが多いのですが、例えば社長自身が把握できていない問題点として「社長の指示が場当たり的で現場が混乱している」や「社長が現場を統率できていない」などさまざまです。

また、問題点だけでなく強みについても、「自社で大きな強みを持っていても、それをう

まく売上や利益に反映させる施策が打ち出せていない」というケースがよくあり、これらも社長が把握できていません。

こうした問題を解決できていない、強みを活かせていないという課題は、ヒアリングで発見して抽出すべきことなのです。

ヒアリングでは、現状把握をしながら、この「課題抽出」をしなければならないのですが、できていないケースが多いです。

そもそも現状把握が不十分であるため、現状把握の次のステップとなる課題抽出に到達しないのです。

ただし、問題点や強みは、発見して終わりではありません。そこから「原因究明」をしなければ、課題解決にはつながりません。しかし多くのケースで、問題点を発見しても、原因究明をせずに解決策を提案するケースが非常に多くあります。

コンサルティングで「分析」といえば、主にこの「課題抽出」と「原因究明」を指すのですが、原因究明を行わずに自身の知識から提案をしてしまうのです。

私はこれを「当てはめ思考」と呼んでいますが、コンサルティング業界ではこの「当てはめ思考」が蔓延しています。これは一人のコンサルタントとして、コンサルティング業界の大きな問題だと考えています。

なぜこれが大きな問題といえるのか、医者に例えて説明をします。

皆さんが腹痛で下痢気味になって、医者に診てもらったとします。その時に、もし医者が何も検査をせずに、「腹痛で下痢であれば、腹痛の薬を出す」という理屈だけで腹痛の薬を出したとします。しかし腹痛の原因は胃潰瘍で手術が必要な状況でした。医者の処置で腹痛は一時的には和らぐかもしれませんが、根本原因の胃潰瘍は治りませんし、放置することでさらに悪化するでしょう。そもそも検査をせずに腹痛薬を出してしまうという行為は大きな問題になります。

これをコンサルティングの事例で考えてみましょう。

社長がコンサルタントに「最近営業成績が悪化している」と相談を持ち掛けたとします。コンサルタントが「それでは営業を強化するために『営業教育』を実施しましょう。我々の営業教育の半年間で完成する教材を実施すれば解決します。料金は半年で五百万円です」と伝えたところ、社長はその言葉を信じて承諾し、契約を締結しました。コンサルタントは見事に自社の営業教育パッケージの導入に成功したのです。

しかし、営業成績悪化の本当の要因は、営業マンが新製品の説明ができずにその売上が思

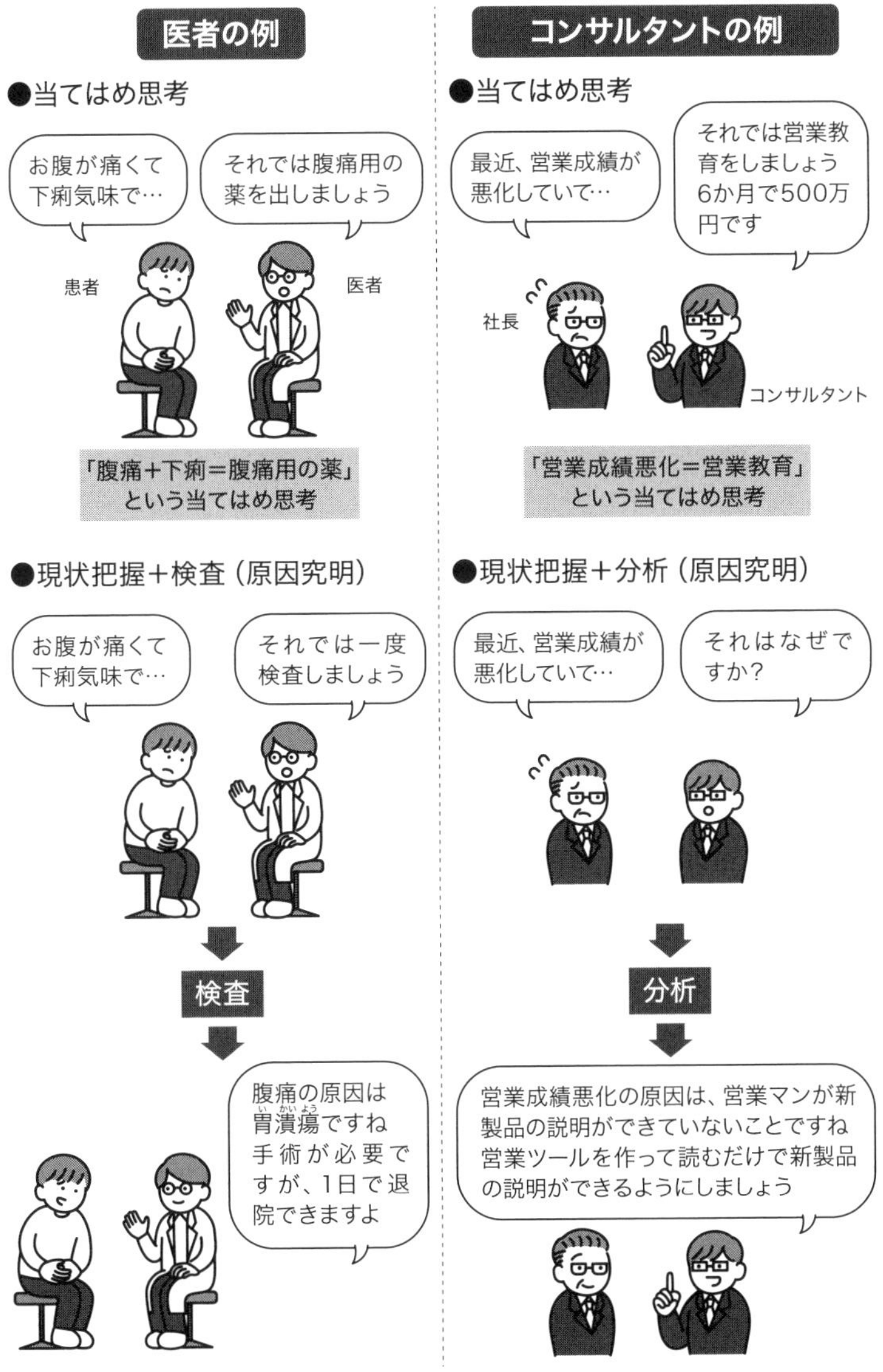
医者の例
●当てはめ思考
お腹が痛くて下痢気味で…
それでは腹痛用の薬を出しましょう
患者
医者
「腹痛＋下痢＝腹痛用の薬」という当てはめ思考
●現状把握＋検査（原因究明）
お腹が痛くて下痢気味で…
それでは一度検査しましょう
検査
腹痛の原因は胃《い》潰《かい》瘍《よう》ですね
手術が必要ですが、1日で退院できますよ
コンサルタントの例
●当てはめ思考
最近、営業成績が悪化していて…
それでは営業教育をしましょう
6か月で500万円です
社長
コンサルタント
「営業成績悪化＝営業教育」という当てはめ思考
●現状把握＋分析（原因究明）
最近、営業成績が悪化していて…
それはなぜですか？
分析
営業成績悪化の原因は、営業マンが新製品の説明ができていないことですね
営業ツールを作って読むだけで新製品の説明ができるようにしましょう

うように伸びていないことでした。営業にとって新製品の仕様は非常に難解で、一定の技術的知識がなければ説明することが難しかったのです。

営業成績悪化の解決策の方向性としては、すべての営業マンが新製品についてきっちりと説明できるようにすればいいのです。そのために、新製品の説明とその強み、そしてそれによる顧客のメリットを明記した一枚の営業ツールを作成するだけでよかったのです。

一枚の営業ツールを作ればいいだけなので、せいぜい五万円から十万円程度で済みました。わざわざ五百万円も支払って営業教育をする必要はありませんでした。しかも膨大な出費をしても、この問題は解決しないのです。

この営業の事例を先ほどの医者に当てはめると、医者が検査をせずに「特別なお薬があり、五百万円しますが、これであなたの腹痛は完治します」と言っているようなものです。

これらの事例を整理すると、「営業成績悪化」というのは「問題点」であり、その原因は「営業マンが新製品の説明ができない」ということです。

「営業成績悪化」という問題点はよくある話で、他社でも同じような状況は数多く見受けられます。一方で、その原因である「営業マンが新製品の説明ができない」というのは、その会社特有のものであり、他の企業と状況は異なります。

要するに「問題点」というのは、どの会社もあまり変わらないのですが、その「原因」は個々の企業で皆異なっていて、各々の企業特有の原因を究明して改善しなければ、問題は解決しないのです。

医者でいうと、腹痛で下痢気味という症状は、胃潰瘍かもしれないし、十二指腸潰瘍かもしれません。ひょっとしたら癌であるかもしれません。それぞれに原因があって、その原因を究明して治療を行わなければ完治しないのと同じです。

このように、問題の原因を究明せずに、問題がわかった時点で、自らの都合に合わせた改善策を提案するという手法では、課題解決にはつながらないのです。

コンサルティング業界にとって大きな問題として危惧されるのが、医者で例えると大問題になるようなことが、コンサルティングの現場では当たり前に行われていることです。

この状況をクライアント側の立場から見ると、クライアントである社長は、コンサルタントを「企業の医者」だと思って頼るのですが、実際に医者のレベルでコンサルティングを行っている人は少なく、分析（検査）もせずに自社のパッケージを売り込む営業マンと変わりません。「医者」だと思ったら「ヤブ医者」か「営業マン」だった、というわけです。そのためコンサルタントという肩書は、相手を信用させて自社のパッケージを売り込みやすくするための手段に過ぎないわけです。

このようにクライアントは、コンサルティング会社の無料相談サービスを受けながら、最終的にはコンサルティング会社のパッケージの導入に誘導されているケースが多いのです。

コンサルティングは医療と同様に専門性の高い職業ですが、なぜこういったことが起きるかというと、それにはコンサルティングという職業の曖昧さにあると私は考えます。

例えば、コンサルティングの内容がブラックボックスで、何が正しい手法なのか、どの程度の効果があるのかが曖昧であることが原因として挙げられます。

また、コンサルタントの力量がどの程度なのかがわかりにくいことも要因です。実際にコンサルティングのスキルが低くても、トークがうまければ賢く見えてしまいます。クライアントとしては、有名なコンサルティング会社であれば、所属するコンサルタントも高いスキルを持っていると安易に考えてしまいます。

その他、コンサルティングの効果が希薄だとしても、それでは誰にお願いしたほうがいいのか、クライアントは知る由もありません。

そもそもの原因は、コンサルタント自身が、現状把握から問題発見、そして原因究明まで実施できていないこと、それを実施するためのヒアリングのスキルが不足していることなのです。

コンサルティングでは、物事を調査して分析することが重要です。これは、言い換えれば「ヒアリングをして問題を抽出して原因究明する」ということになります。つまり「分析」とは「問題点の発見」と「原因究明」を指すのです。

しかしながら、現場支援のコンサルティングでは、前述のとおり、問題点がわかれば、きちんと分析されず、すぐに提案をするケースが多く、事業再生コンサルティングやM＆Aで実施される事業調査報告書でも十分に分析が行われずに、単に「情報整理」されたもので終えられています。

先ほどコンサルティング業界は大きな問題があるとお伝えしましたが、こうした背景があるのです。

課題の解決は、手順に沿って考えて、具体策のアイデアを出せば解決するものであり、非常にシンプルです。コンサルタントでなくても、多くの専門用語を保有せず、またフレームワークなどの手法を活用しなくても、「問題点の原因を究明して、その原因を改善すれば解決する」ということを、より多くの人が知る必要があります。

そのため、コンサルティングを受ける側のクライアントとしては、こうした被害に合わないために、コンサルタントが提案する手法について一つひとつ丁寧に説明を受けることです。コンサルティングのゴールは何かを明確にし、そのゴールに到達するまでのプロセスである具体的な手法を一つひとつあぶり出して、各々の手順の内容と効果を確認して、そのとおりいくかどうかをクライアント自身で仮説を立てるのです。

コンサルティングの手順や効果が曖昧であれば、不要な手順を削除して報酬の減額を要求するか、別のコンサルタントに依頼するのがよいかもしれません。

4. 問題点③：目的が「現状把握」「課題抽出」ではなく「信頼関係構築」

コンサルタントが行うヒアリングの現状として、そもそもヒアリングの目的がズレてしまっている場合も少なくありません。

ビジネスで実施するヒアリングの目的は情報収集ですが、コンサルティングの場合は「課題解決の提案」がゴールになるため、収集した情報をコンサルタント自身が理解し、その上で課題を抽出することが求められます。

コンサルティングのヒアリングの目的は「情報収集」と前述しましたが、さらに掘り下げると、「現状把握」「課題抽出（問題点・強み発見、原因究明）」になります。

しかし、実際にコンサルタントがヒアリングで重視しているのは「信頼関係の構築」であることが多いです。

ヒアリングの一般的な研修でも、前述のとおり、情報収集の技術的なノウハウを教えるのではなく、信頼関係を構築するための手法である「傾聴」や「共感」などに重点が置かれています。

もちろん、対社長のヒアリングには、傾聴や共感なども必要ですが、これらはあくまで副次的なものであって本来の目的ではありません。

こうした背景には、ヒアリングでは情報収集が重要であることは認知されている一方で、実際のコンサルティングで、短期間で詳細な情報収集を行うためのスキルやノウハウを持ったコンサルタントが極めて少ないことが挙げられます。

コンサルタントのヒアリングのスキル不足というのが真の原因なのですが、コンサルタントがそれを把握せずに「信頼関係を構築しなければ社長から正確な情報が取れない、信頼関係を構築するには時間がかかる」という口実を作っているに過ぎません。

実際にヒアリングのスキルがあれば、信頼関係がない初対面の段階から正確な情報を短期間で収集することは十分可能です。ヒアリングの中で、傾聴し、共感して信頼関係を築いていけばいいことです。

実際の現場では、目的が信頼関係構築になっているため、社長の長い話をひたすら共感しながら傾聴しているコンサルタントは多いのですが、それでは短期間で会社の正確な現状を把握することは困難です。なぜなら、社長の話は質問からはずれた内容であったり、漏れが多かったり、事実ではなく単に社長の感想や希望である場合も少なくないからです。

つまり、収集した情報には多くの重要な要素が欠落しており、正確性にも欠けている場合があるのです。そして、その限られた情報のメモの中で、理解できるところだけを整理して、報告書を作成したり、提案内容を検討したりしているのです。

こうした方法で収集した情報を使って報告書を作成したり提案したりしてしまうと、報告書の質が低くなったり、誤った提案によってミスリードを引き起こしたりしてしまいます。

5. 問題点④：手法が「ヒアリング」ではなく「インタビュー」

コンサルティングで行う情報収集の手法は「ヒアリング」ですが、「インタビュー」と勘違いしているコンサルタントも多く、ヒアリングとインタビューの区別が曖昧になっていることも少なくありません。

そこで、ヒアリングとインタビューの違いについて説明します。

「インタビュー」は、インタビュアーが質問をして、相手からいろいろな状況や考えを幅広く聞き出す方法です。話し手は、一つの質問に対して自身の置かれている状況や考えなど、さまざまな内容の話をします。

つまり、主体は「話し手側」ということです。そのため話し手は、質問に対して自由に自分の話したいことを話すため、自信のあることや得意なもの、こだわりや思いなどが中心になり、言いたくない内容は自ら話すことはありません。

【インタビューとヒアリングの違い】

	インタビュー	ヒアリング
内容	相手からさまざまな状況や考えなどを幅広く聞き出すこと	相手から情報収集、情報交換しながら目的を達成すること
ポイント	一つの質問に対して相手の情報を幅広く収集する	こまめに質問と情報収集を繰り返して情報交換する
主体	話し手	聞き手
記録	録音、PC入力	手書きメモ
用途	• 雑誌のインタビュー • 面接	• コンサルティング • ビジネス全般

聞き手は、話す内容を正確に記録することが重要になるため、素早く記録を取る必要があり、手書きのメモでは追いつかないため、有効的に、録音やパソコンでメモを取ったりします。

また、インタビューは相手に自由に話してもらうことが前提になるので、雑誌のインタビューや面接の場面で有効な手段であり、細かい内容まで踏み込む必要があるコンサルティングには不向きです。

一方で「ヒアリング」は、聞き手が話し手から情報収集や情報交換しながら目的を達成する手法です。インタビューのように、一つの質問に話し手に長々と話してもらうのとは対照的に、聞き手のこまめな質問によって情報交換をして、聞き手が正確に理解しながら情報収集を進めていく必要があります。

つまり、主体は「聞き手側」であるといえます。聞

【インタビューによるコンサルティングの流れと課題】

	インタビューによるコンサルティングの流れ	課題
現場	質問	
	インタビューの内容をそのままPCに入力	• PC入力（作業）に集中 • 思考停止、理解が不十分 • 収集できる情報が限定的
事務所	入力した内容の読み直し	• 情報が限定的、正確性低い • 相手の状況の理解不十分 • わかるところだけに反応
	報告書作成	• 報告書が情報整理止まり、一般論の提案 • 理解できる内容や得意分野に偏った提案、ミスリード

き手は、情報交換をしながら話し手の内容をしっかり「理解」して進めていくことが求められます。

　例えば、相手の話す内容が理解できなければ聞き直す必要がありますし、内容が事実か曖昧であれば、それは事実なのか、単なる話し手の感想ではないかなどを確認することが求められます。

　相手の話を正確に理解しながら進める必要があるため、相手の話を一言一句正確に記録する必要はありません。そのため、手書きメモを使うことが効果的であり、録音やパソコン入力は有効ではありません。

　なおヒアリングは、コンサルティングのほか、営業やリサーチなどビジネス全般で活用する手法です。

このように、インタビューとヒアリングは似て非なるもので、さまざまな違いがあります。そしてコンサルティングで行うのはあくまで「ヒアリング」であり、インタビューではありません。

もしコンサルティングでインタビューを行うと、相手の話をひたすらメモしたり、パソコン入力したりする「作業」に集中してしまい、思考停止に陥って相手の話を正確に理解できません。理解できなければ、問題点の発見や原因究明につなげることができません。収集した情報も限定的で正確性にも欠け、相手の状況に関する理解が不十分になります。

そのため、結局はメモの中のわかるところだけに反応することになり、報告書が単なる情報整理で一般論の提案になったり、理解できるところや自身の得意分野に偏った提案になったり、それらがミスリードにつながったりするのです。

現場ではコンサルティングでインタビューを実施しているケースは多く見受けられます。しかし、インタビューでの情報収集には限度があり、現状把握も困難になるため、コンサルティングではあくまでヒアリングで情報収集することが必要です。

6. 問題点⑤：コンサルティングとコーチングの混同

コンサルティングとコーチングを混合しているケースもよく見受けられます。コンサルティングとコーチングとでは、クライアントの目的は異なるため、ヒアリングの方法も違ってきます。

まずはコーチングとコンサルティングの違いから説明していきます。

コーチングは、本人特有の感情や思考を行動に変えたり、認知を変えたりすることで、目標達成や自己実現を目指すために利用するサービスであり、「人の心、感情」をテーマに「個人の人生を変える」ことを目的にしています。

答えを出すのはあくまで相手である「話し手」であり、専門家であるコーチが答えを出すのではありません。聞き手であるコーチは、相手に考えさせて、相手が本来目指すべきゴールや方向性といった答えを出させるためのサポートを行います。そのため、一つの課題にじっくりと時間をかけて丁寧に解決していきます。

【コーチングとコンサルティングの違い】

	コーチング	コンサルティング
実施者	•カウンセラー •コーチ	•コンサルタント
対象	•人の心、感情	•企業の情報
目的	•個人の人生を変える	•課題解決、価値向上
対象	•人	•企業
テーマ	•心	•経営課題
解答者	•本人	•コンサルタント
手法	•本人に考えさせる •本人に答えを出させる	•現状把握、課題抽出 •解決策の提案、実行支援
スピード	•一つの課題に時間をかけて解決	•さまざまな課題の解決策を迅速に提案
重視	•心・気持ちを重視	•事実を重視
具体性	•ゴールや方向性を導く	•戦略と戦術の提案
ポイント	•傾聴・寄り添い	•思考力

重視することは「事実」や「言葉」ではなく、本人の「心」や「気持ち」であり、具体的なアクションよりも、本人が進むべき（進みたい）方向性を導いたり、本人が本当になりたいゴールのイメージを描かせるための支援を行います。

コーチングは人の心や感情がテーマになるので、相手と信頼関係を構築し、相手に安心して心を開いてもらうための「傾聴」「共感」「寄り添い」「励まし」などがポイントになります。

一方でコンサルティングは、企業の経営者などが、経営や事業、業務などについて改善したい課題について、診断・助言・指導・提案を受けるために利用するサービスです。

コンサルティングのテーマは「経営課題」であり、対象となるのが「情報」であるため、企業の戦略と戦術、アクションを変えて課題を解決したり、価値を高めたりすることが目的になります。

解答を導き出すのは社長ではなくコンサルタントであり、相手企業の現状を把握して課題を抽出し、解決策を提案し、要望に応じて実行支援まで行います。

重視すべきことは「事実」であり、企業側にアクションが取れるように具体的な戦略や戦術を提案します。そしてコンサルティングの質を判断するのは、いかに相手企業に最適な提案を行うことができるか否かが重要であるため、ポイントとなるのが「提案力」です。

さらに、コーチングのように一つの課題の解決策を導くのに時間をかけるのではなく、さまざまな課題を次々に解決させていくことが求められます。

このように、コンサルティングとコーチングとはまったく異なるサービスですが、実際はこれらを混同しているケースがよくあり、コンサルタントが答えを出さず、社長など企業側に答えを出させるという手法を用いるコンサルタントが多いのです。

コンサルタント自身が答えを出さずに社長に答えを出させるのは、「コンサルタントが答えを出すと社長が考えなくなる」という理由からです。この上から目線の理由に大きな誤りがあります。なぜなら、コンサルティングで行う質の高い提案は、さまざまな専門知識やノウハウを持っているからこそ可能だからです。先ほどコンサルタントを「企業の医者」と例えましたが、医者が患者に治療法を考えさせることなどあり得ません。

コーチングは、本人自身の感情や思考のマイナス面をプラス面に変えて行動を促すもので、本人の心、考え方、セルフイメージを変えて人生を変えていくことが目的になります。そのため、本人がしっかり内観し、自分自身で答えを見つけなければ、その人は変わりません。

実はカウンセリングもコーチングと同様に、カウンセラーが答えを出すのではなく、本人に答えを出すように支援する手法です。なぜなら、カウンセリングを受けるのは、主に心のバランスを崩した人が対象となりますが、それは過去の出来事で何か精神的なショックを受けたことが原因であるケースが多いためです。

つまり、カウンセリングも、コーチングと同様、答えは本人が持っているのです。

一方でコンサルティングの場合、社長は自身の事業については詳しいですが、コンサルティングの高い知識は持っていません。つまり社長は答えを持っていないのです。

そのため、課題の難易度にもよりますが、社長が経営課題の解決策を出したところで、それが最適な答えになる可能性は低く、課題が解決しないケースが多いのです。

なお、コーチングでは「ティーチング」を組み合わせて実施するケースも多くありますが、ティーチングは、例えば社長が知らない情報や専門知識などについてコンサルタントが教示するのに使われ、提示されるのは一般論です。そのため、本来コンサルタントが提示すべき、クライアントの問題点の原因を改善する施策ではありません。つまりティーチングは、社長が求める「どうすればいいの？」という問いに対する答えではないのです。

結局「社長が考えなくなるため社長が答えを出すべき」という理論は、単に答えを出す知識やノウハウを持ち合わせていないコンサルタントの都合のいい理屈でしかないのです。

なお、会社側に考えさせることが有効な場合もあります。商品企画などでブレインストーミングなどを使ってアイデアを出し合う時や、現場の改善策を提示する場合などです。ただしこれらは、課題の解決策を会社側に出させようとするコーチングの手法とは異なります。

コンサルタントの力量を判断する指標で最も重要なのが「提案力」であり、コンサルティングとコーチングはしっかり区別すべきです。

1

7. その他のヒアリングのさまざまな問題点

その他、一般的なコンサルタントが行っているヒアリングにはさまざまな問題点があります。

まずは、相手の話をそのままメモする（パソコンに入力する）という「作業」をするだけの状態に陥ることです。つまり、ヒアリングではなくインタビューを行って、相手の話を理解せずにメモに集中してしまうことです。これでは思考停止に陥ってしまい、「思考」が主であるはずの本来のコンサルティングは難しくなります。

次に全体像を把握する前に、いきなり細かい点について情報収集をすることです。例えば、営業分野を専門とするコンサルタントが経営全般を見る経営コンサルティングを行う場合、いきなり営業のことをヒアリングし、結局、営業改善の支援に偏ってしまい、経営全体の改善にならないことが起きてしまいます。営業の問題点の原因が、経営体制や組織面である場合もよくあるため、その場合は経営や組織体制についてメスを入れなければ改善はできないのです。

続いて、「わからない」と言えず、知ったかぶりをしてわかったフリをしてしまうこともよくあります。これはコンサルタントはプライドが高く、賢く見られなくてはいけないという思いが強いことが要因です。しかし、ヒアリングの際に内容が理解できなかったり、知らない専門用語が出てきたりすると、相手の話を理解することができず、思考停止に陥ってしまいます。

また、相手の話の「わかるところ」だけに反応したり、話の内容ではなく知っている言葉（専門用語）に反応したりすることもよくあります。ヒアリング相手の話の全体像がよく理解できずにただ頷いて聞いている状況の中で、知っている言葉や内容が出てきた途端に反応して話し出すようなケースです。

その他、ヒアリングの途中で自分の経験談を長々と話し出す人もいます。経験の浅いコンサルタントに多いのですが、ヒアリングで情報収集するという目的を持たずに、わかるところに反応して自分の話をし始めてしまうのです。

さらには、問題点が見つかった途端に、情報や根拠が不十分であっても指導を始めてしまうコンサルタントもいます。これは研修講師がメイン業務のコンサルタントや実務経験の乏

1

【一般的なコンサルタントが陥っているヒアリングの問題点】

- 相手の話をそのままメモしたりPCに入力する
- 全体像を把握する前に、細かい点を確認する
- 「わからない」と言えず、わかったふりをする
- わかるところにだけ反応する
- 「中身」ではなく「単語」に反応してしまう
- ヒアリングの途中で、自身の話を長々とする
- 情報や根拠が不十分な中で、相手に指導を始める
- 目的なくヒアリングをする

しいコンサルタントに多く、期間限定の簡易コンサルティングでよく見受けられます。

研修講師は、さまざまな机上の知識を有している一方で、研修の仕事は「元々ある講義資料を不特定多数の生徒に伝える」という手法です。そのため、相手の現状を踏まえて最適な提案にカスタマイズするという方法に慣れておらず、何か問題があれば自身の知識を使って指導を始めてしまう「当てはめ思考」の傾向があります。

なお、商工会議所などの支援機関や各種金融機関で実施している専門家派遣のような簡易コンサルティングでは、分厚い報告書を作成する必要がなく、派遣母体に対してＡ４数枚の簡単な報告をすればいいだけですが、十分なヒアリングの時間がありません。そのため、短時間のヒアリングで情報を収集し、問題点の指摘や改善提案をしなければなりません。

専門家派遣は全国で幅広く実施されており、派遣されるコン

サルタントは実務経験の少ない場合もあるため、情報が不十分な中で指導するケースは非常に多く見られます。

その他、目的を持たずにヒアリングをするケースがあります。相手に最適な提案を行うためには、まずは現状把握を行う、という目的意識を持ってヒアリングに取り組むことが必要です。しかし目的意識を持たないと、単に相手の話を聞いているだけの状態に陥ってしまいます。その結果、話し手が問題点について話してもそれをキャッチできなかったり、問題点を見つけたら即指摘してしまうということが起きてしまいます。

このように一般的なヒアリングにはさまざまな問題があり、正確な情報収集ができていない人が多いのです。

なお、これらの問題点には共通点があります。それはヒアリングの際に「思考」ができていないことです。コンサルティングのヒアリングでは「情報収集」しながら「思考」することが必要なのです。次章で詳しく説明していきます。

【第２章】

「課題解決思考」と
「課題解決型ヒアリング」

1. 仕事ができる人、できない人

本章では、コンサルティングで必須の思考法である「課題解決思考」と、同じく必須のヒアリング手法である「課題解決型ヒアリング」について説明します。

まずは、日常の仕事における「思考」について考えていきます。

多くのサラリーマン、経営者、コンサルタント等が、自身の仕事について多くの問題を抱え、悩んでいます。仕事の悩みというのは、例えば次のとおりです。

●仕事が苦手な人の悩み

- 仕事が効率的にできず、時間ばかりかかる
- 仕事で作成する成果物の品質が低い
- 良い結果が出せない、成果が出せない、会議などでも良い発言ができない
- 顧客や部下・後輩から質問されても、的確なアドバイスができない

- 上司から指示されてもどうしたらいいのかわからず、すぐ行動できない
- いつも上司や同僚の言うことに従うだけで、自分で解決策を導くことができない
- 「わからない」「知らない」と言えず、知ったかぶりをしてごまかしてしまう

このように日々の業務の中でさまざまな問題に気づいたとしても、自身で解決できず、常に心配事や悩みを抱えてしまっている人が多いと思います。

また、仕事で悩みがなく、自分では仕事ができているつもりでいても、外部の人から見て「この人仕事ができないな」と思われている人も多くいます。

では、仕事ができない人の特徴はどのような人なのか、次に整理します。

●仕事ができない人の特徴

- 指摘や、あるべき論ばかり主張して他人を批判する
- 現場の状況に関わらず自身の知識や経験だけで主張する
- 主張が机上論で現場感覚がなく、アクションにつながらない
- ルールや規則、命令に依存して、現場に合わせた柔軟な対応ができない

・自身で答えを出さず、部下に丸投げする
・上司に忖度し、上司から丸投げされた仕事に集中して現場を放置する
・会話や主張が本筋からズレる
・思いつきで発言し物事を深く広く考えない
・思い込みが激しく自身の非を認めない

この他にも、仕事のできない人の特徴はさまざまあると思います。

このように「仕事の悩み」や「仕事のできない人」というのはなぜ生まれるかというと、一つの共通点があります。それは、すべて課題を解決するための思考法を身に付けていないということです。

一方で、仕事ができる人の特徴とはどのような人なのか、次に整理します。

●仕事ができる人の特徴

・最適な解決策をすぐに見つけ出して提案する
・提案書や企画書などの書類の作成が早く、質も高い

- 顧客に対して瞬時に的確な解決策を提示する
- 会議でも常に、迅速かつ的確な解決策を提案する
- 判断の質が高く、スピードが早く、決断力がある
- 安定して結果を残す、成果を出す

これらが仕事のできる人の特徴の例です。

こうした特徴は、一般的に「頭がいい」と評価されがちな人の特徴である「豊富な知識」「高学歴」「資格」「ＩＱ」「記憶力」とはまったく無関係であることがわかると思います。

これらの「仕事ができる人の特徴」は、実はすべて「課題解決思考」を身に付けた人であれば、普通に持ちあわせていることなのです。

つまり「仕事ができる」とは、「課題解決思考で思考しながら仕事をしている人」であるといえるのです。

2.「課題解決思考」とは？

仕事ができる人の特徴である「課題解決思考」の話の前に、「思考」とは何かについて説明します。

「思考」をｗｅｂｌｉｏ国語辞典で調べると、「人間が情報を処理し、判断や解決策を導き出す脳の活動を指す。この活動は、観察、記憶、推論、判断、想像などの一連の過程を含む」とあります。

つまり思考とは端的に「最適な結論を出すための脳の活動」ということです。

また「思考力」とは「考える力」であり、「考える」方法を身に付けて磨き上げれば、思考力は向上します。

つまり思考力とは「スキル」であり、記憶力などの生まれ持った「地頭」や「才能」ではありません。身に付けて磨き上げることができるものなのです。

スキルということは、やり方によって「質」が向上し、鍛えればどんどん成長していくものです。

脳内科医、医学博士で、株式会社脳の学校代表の加藤俊徳先生も、「脳はいくつになっても成長し続けていく、形の上でも変化し、機能的にも成長していく」と言っています。そのため脳の使い方によって、課題解決の思考力を高めることができるのです。

いくら知識をたくさん覚えても仕事ができるとは限らないのは、知識を活用するための思考力が十分に磨き上げられていないからです。

スキルであれば、料理やスポーツ、仕事のやり方も同じで、正しいやり方（手順）を理解して実践し、繰り返し練習して磨き上げていけばいいわけです。そのため効率的・効果的な思考の「手順」を実践することで思考の質を向上させ、その手順で思考を使いこなしてレベルを上げて、思考のゴールとなる答え（提案内容など）を向上させることが大事になります。

思考力の質やレベルを上げるためにはどうすればいいのか、「メカニズム」をおさえておきましょう。

まずはイメージしやすいように、思考とは別の例で説明していきます。

料理は、レシピを見ながらであれば、素人でも美味しい料理ができます。料理のプロは、レシピが完全に頭に入っているため、スピーディにレシピ通りの美味しい料理を作ることが

料理

レシピなし

レシピあり

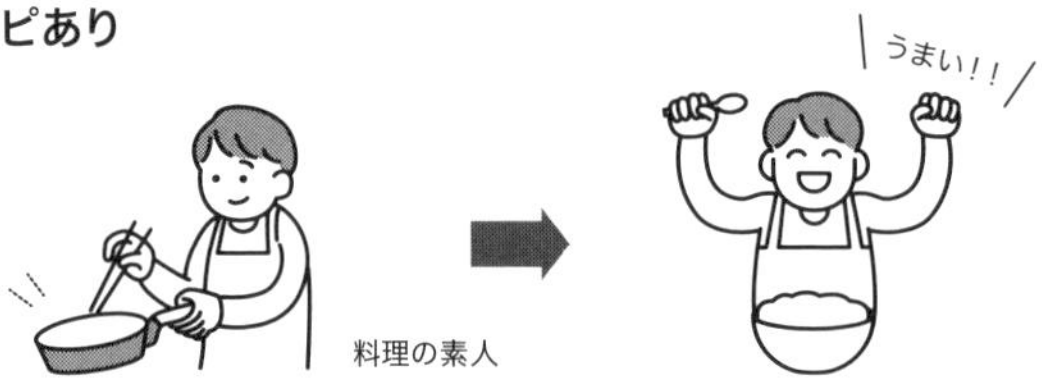

仕事

難易度の高い業務：思考の手順を知らない場合

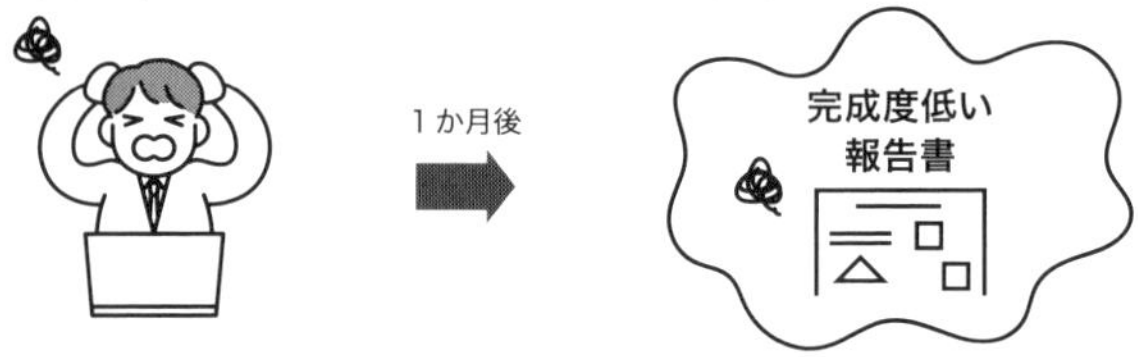

難易度の高い業務：課題解決思考の場合

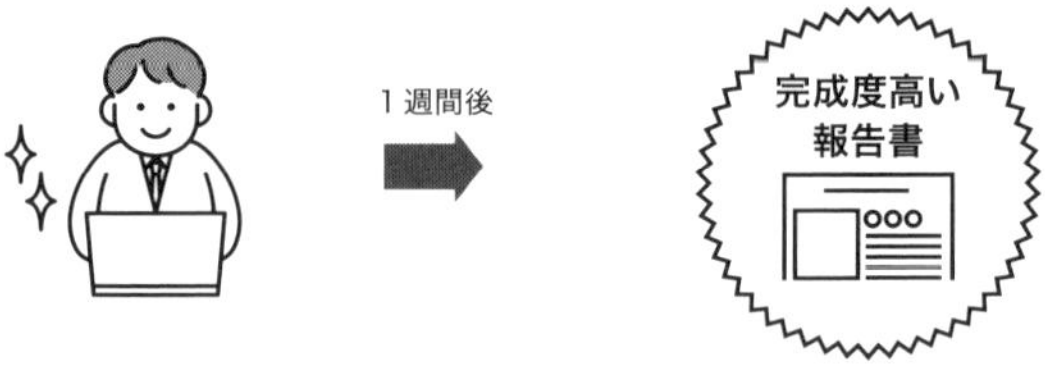

できます。

この時ポイントになるのがレシピであり、プロが作ったレシピであればプロレベルの料理が作れますが、素人が作ったレシピでは、料理のスピードは上がりますが、料理の質の向上は期待できません。

つまり、一気に料理のレベルを上げるためには、プロの料理が再現できるレシピが必要で、そのレシピ通りに料理することが重要です。

また、「ものづくり」における大量生産の製造現場では、実際に製造に携わっているのはパートタイマーの人たちです。パートタイマーの人たちはものづくりの素人ですが、納期通りに高品質な製品を製造しています。

なぜものづくりの素人が短納期で高品質にものを作れるかというと、素人でも素早く正確にものを作るための「手順」があるからです。

ものづくりでは、仕入から加工、組み立て、検査など、決まった製造工程があり、各工程で効率的に行うための作業手順があります。これら全体の手順がしっかり出来上がっているからこそ、スピーディに高品質なものが大量に作れるのです。

その他、どんな仕事や作業でも「手順」が存在します。その手順が正しいものであり、その手順通りに行うから、効率的かつ効果的に作業を行うことができるのです。

これらは煩雑になればなるほど、スピーディかつ高品質に（効率的かつ効果的に）行うための手順が重要になります。

逆の言い方をすると、手順がなければ、あるいは手順を知らなければ、物事をスピーディかつ高品質に実施することはできません。

これはコンサルティングにおける「思考法」でも同じことで、課題を解決する思考にも手順があります。どんな煩雑な課題が発生しても、この課題解決思考の手順通りに思考することで、解決策を導き出すことができます。

つまり、ものごとをスピーディかつ高品質に思考して解決するための手順が「課題解決思考」なのです。

「手順」であるため、手順通り実行すればものごとを解決できますし、その手順を習得して使いこなせるようになれば「課題解決力」というスキルを習得することができるわけです。

これは料理の素人がレシピを習得してレシピ通りの料理をスピーディに高品質に完成させることと同じです。

その手順は図の通りです。

【課題解決思考の手順】

① 現状把握
↓
② 問題点・強みの発見
↓
③ 原因究明
↓
④ ゴールイメージ描写
↓
⑤ 具体策構築

そして課題解決型ヒアリングでは、この課題解決思考の手順通りにヒアリングを行っていきます。

なお、世の中には「課題解決」と「問題解決」という言葉がありますが、各々の実際の定義では混乱するかもしれないので、本書では双方とも「目標と現状とのギャップを捉えて、そのギャップを埋めることで目標を達成する」ことで、「問題解決」は問題点などマイナス面を解決する場合に使用し、「課題解決」はマイナス面のほか、強みや価値といったプラス面を向上させたり活用したりする場合にも使います。

課題解決思考の各々の手順については、次の章で詳しく説明します。

3.「課題解決思考」が思考のさまざまな課題を解決する

思考についてはは昔から多くの人が悩んできているからなのか、うまく思考できないことについてさまざまな知見があります。そして実際に多くの人がこれらの状況に無意識に陥っています。ただし、その状況を何となく理解している程度で、きっちりと説明できる人は少ないと思います。そのため、思考に関する課題を解決できず、いつまでも思考の悩みが尽きないのです。

そこで、うまく思考できないさまざまな状態について真意を追究していき、対策について考えていきましょう。

まずは「考えが足りない」ことについてです。これはどういう状況かというと、「現状把握が不十分で、断片的な情報だけで答えを出す」ことです。多くの人は自身のことを考えが足りていないとは思っていませんが、実際には第1章で示したとおり、現状把握が不十分な状態で答えを出すことが非常に多いのです。つまり、世の中のほとんどの人が、考えが足りていないのです。

次に「視野が狭い」というのは、現状把握の範囲が狭く、偏った部分的な情報で答えを出すことです。現状把握が不十分という意味では「考えが足りない」と同じ状況です。

視野が狭いと、的確な課題解決はできません。なぜなら、ある問題の原因が、その領域内において起因しているとは限らないからです。特に企業経営や政治経済など、さまざまな要素で構成された集合体では、問題と原因の関係が複雑に絡み合っているのです。

例えば、ある会社の営業成績が悪化した場合、一見「営業」の問題に見えますが、その原因は営業部内に限定されているわけではありません。営業部以外の、戦略や経営体制といった経営面、組織体制や人事面に原因がある場合も多いのです。企業は、経営・マーケティング・製造・開発・人事労務・会計・物流などさまざまな機能で成り立っているため、一つの問題点の原因が複数存在している可能性があるのです。

政治の世界でも、国力を高めるには、マクロ的な財政政策や金融政策だけでなく、よりミクロ的な教育改革、税制改革、少子化対策など、さまざまな分野でのトータル的な抜本対策が必要であり、支持率を上げるためだけのバラ撒き対策では解決しないのと同じです。

続いて「考えが浅い」は、問題点や強みを掘り下げず、問題点の原因や真の強みを究明しないことです。表面的な問題点や強みから、自身の知識を使って答えを出してしまうので、課題の解決が難しくなります。すなわち、相手の真の原因を究明せずに自分の知識のみから答えを出すという当てはめ思考で解決策を導いて実施したところで、相手の課題は解決しないのです。

次に「頭が固い」というのは、相手や周囲の主張や状況を考慮せず、自身の知識や経験、考えだけで答えを出すことです。

例えば、「思い込みが激しい」「こだわりが強すぎる」という場合や、自身の意見を押し通すような場合です。周囲の人にどれだけ迷惑がかかるとしても、他にベターな解決策があったとしても、相手の立場に立って考えたりものごとを俯瞰して考えたりすることができず、自身の意見を通そうとする人がいますが、こういう人は頭が固いと言われます。

その他「ズレる」というのは、本質的な議論から外れた思考や主張をすることです。

例えば、議論の際に、議論の「内容」ではなく、その中で出てきた一つの「言葉（単語）」に反応してしまい、そこから派生する自分の知識や経験、考えについて話し出すなど、本筋から外れた話をするケースです。

具体的には、議論の中で突然誰も知らないような専門用語の解説を始めたり、相手のちょっとした言葉尻を指摘したり、あるいは自身の得意分野について主張して周囲を巻き込み、議論を本筋とは乖離した、自身の得意な領域に持ち込んだりする場合も該当します。

さらに「洞察力がない」とは、本質を見抜けず、つまり問題の原因を究明せず、表面的な情報・問題点だけで思考することです。

例えば、営業利益マイナスが続いている製造業があり、原因を調査すると、そもそも価格設定を行う際の原価計算が正確ではなく、本来の原価より大幅に低い原価で値付けをして販売していました。しかし原因究明をせず、すぐに思いつく「人件費の削減」を主張するような場合がそれに当たります。

そういう人は、思考回路が「営業赤字＝人件費を減らして経費を削減する」となっており、前述の「頭が固い」にもいえますが、製造業の本質的な問題である「原価計算ができていない」「本来の原価より低い原価で値付けをしている」という状況が描けないのです。

そうなると「誰をリストラするか」というような、まったく本質から外れた議論を繰り返してしまうのです。

【思考に関する課題】

考えが足りない	現状把握が不十分で、断片的な情報だけで答えを出す
視野が狭い	現状把握の範囲が狭く、偏った部分的な情報だけで答えを出す
考えが浅い	問題点や強みを掘り下げて原因究明せず、表面的な問題だけで答えを出す
頭が固い	相手や周囲の状況を考慮せず、自身の知識や経験から答えを出す
ズレる	議論の「内容」ではなく、一部の「言葉」から派生する自身の知識等について話し出す
洞察力がない	本質を見抜けず（問題の原因を究明することができず）、表面的な情報・問題点だけで思考する

↓

すべて「課題解決思考」で解決できる！

一方で、原因究明のために問題点を掘り下げれば、問題が起きている真の原因にたどり着くことができます。「真の原因」にたどり着くということは、他者には見えない本質的な状況が見えるようになるということです。これが「洞察力」です。

このように、思考に関する課題はさまざまで、多くの人が無意識に陥っているのが現状です。そして自身の思考の問題に気づいていないため対策を打つことができず、仕事がうまくいかないことに悩む人が多いのです。

これらの状況に陥るのは、思考の手順を知らないからです。要するに課題解決思考を知らずに難易度の高い業務で結果を出すというのは、料理の素人がレシピなしでプロ級の料理を作ろうとするようなものです。

そのため思考の手順を知り、その通り思考すれば、問題は解決します。

つまり、課題解決思考を身に付ければ、これらの思考の悩みはすべて解決するのです。この詳細は第３章の中で説明していきます。

4. 課題解決力を高める「実践スキル」

前項では課題解決思考の概要と、課題解決型ヒアリングというのはこの課題解決思考の手順通りにヒアリングを行っていくことが重要である、とお伝えしました。

これらを使って課題を解決するスキルが「課題解決力」です。

課題解決思考の前半は、①現状把握、②問題点・強み発見、③原因究明（掘下げ）であり、ヒアリングによって相手から情報を収集します。つまりインプットです。

一方で後半の手順は、「④ゴールイメージ描写、⑤具体策構築」であり、相手への提案内容になるため、アプトプットになります。

つまり①～③の手順で収集した情報を元に、④～⑤の提案を行うのです。

そして提案を行うためには、現場経験などで培って脳内に蓄積されたさまざまな知識やノウハウを活用します。

このような自身で習得した実践的な知識やノウハウを、私は「実践スキル」と呼んでいま

【課題解決思考と実践スキルの関係】

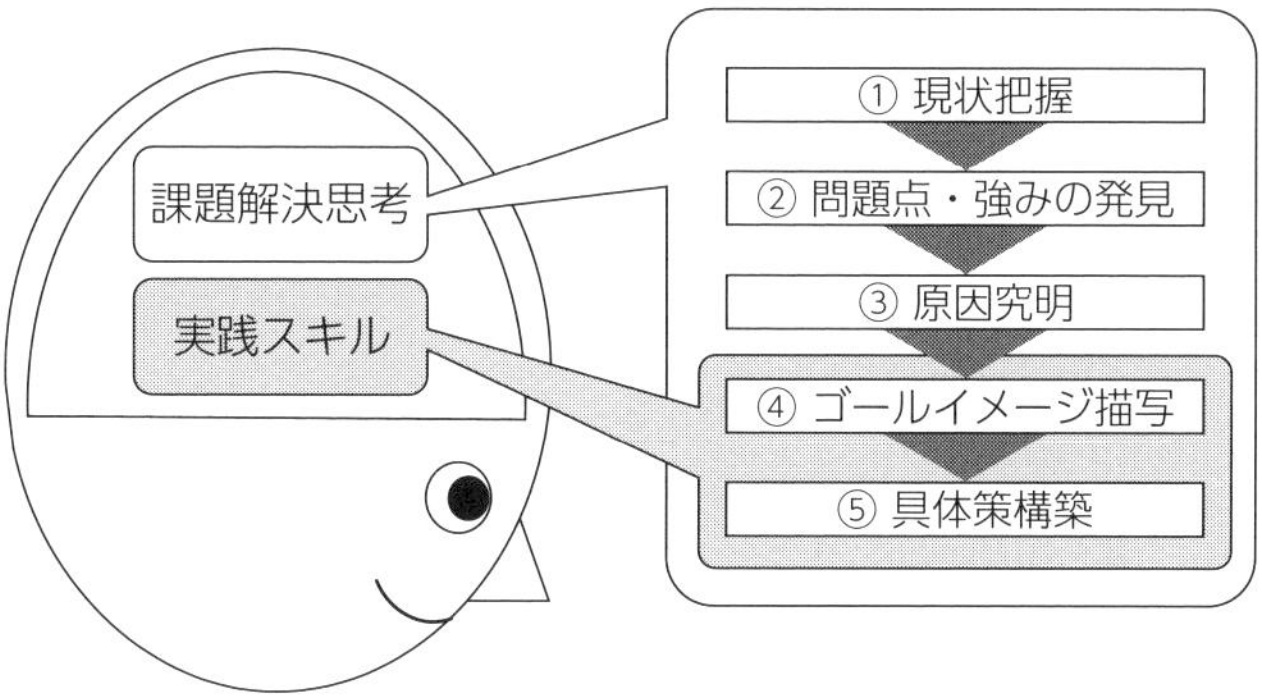

す。

実践スキルは、単に教科書や参考書を丸暗記したものではなく、ビジネスの実践で活用できるノウハウです。この実践スキルを豊富に保有していれば、さまざまな場面で質の高い、相手に最適な提案をすることが可能になります。課題解決思考の「④ゴールイメージ描写」「⑤具体的施策」で質の高い答えを導き出すためには、実践スキルが重要な役割を果たします。

そのため、提案力の質を向上させるためには「実践スキル」が必須なのです。

コンサルタントのレベルを判断する最も重要な要素となるのが「提案力」です。コンサルタントとして成長し、レベルアップするためには、さまざまな経験を積んでいって実践スキルを高めていくことが必要であり、その結果、提案力も向上していくのです。

こうして課題解決思考を活用しながら実践スキルを高めていくことで、課題解決力が向上していきます。

一方で、コンサルティングの経験が浅く、実践スキルが乏しければ、質の高い提案をすることが難しくなります。

いくら知識が豊富で難しい用語をたくさん知っていたところで、それらが机上のものであって、ゴールイメージや具体策を構築するために活用できる実践スキルでなければ、仕事に活用できる知識ではないので、提案力を高めることはできません。

これが、前述した「知識の量、学歴、資格、ＩＱ、記憶力」といったものが、「仕事ができる」こととと直接関係しないという理由です。

ここでコンサルタントが抱える大きな問題があります。それは、コンサルタントは知識が豊富である反面、本来必要といえる実践スキルが不足しているケースが多いということです。

コンサルタントは資格の勉強で豊富な知識を保有していたり、さまざまな研修やセミナー、書籍などで新たな知識を習得しようと努めたりしていますが、それらが単なる「知識」に留まってしまい、「実践スキル」に昇華できていないケースがたくさんあります。これは、知識を習得することを目的化しているのが原因です。そのため、本質的な議論が困難になる場合もしばしば起こります。

私が経験した中でも、コンサルタント同士の議論というのは、知識が豊富であるが故の、思い込みの主張や知識の誇示の場に陥り、一向に解決策に到達しない状況になりがちです。コンサルタントは多くの専門知識を持つ反面、知的に見られなければならない、否定されたくないという思いが強い傾向があります。そのため、現状把握が不十分な中でも、自身の限られた知識の中から主張し、自身の意見を変えられずに、こうした状況が起きてしまうのです。つまり、考えが足りず、視野が狭く、考えが浅くなってしまうのです。

本質的議論とは、課題は何かを明らかにし、解決方法を吟味することです。しかしその本質的議論が行われないケースが非常に多いのです。

なお、議論というのは一般的に、知識や経験が豊富な人間の意見が通りやすくなります。特にコンサルタントの議論では、その傾向が顕著に表れます。もし、その経験豊富なコンサルタントが誤った方向の意見を主張してしまうと、本質的な議論が行われずに、そのまま間違った提案をすることになってしまうのです。

また近年よく見かけるのは、研修やセミナーなどで身に付けたことを、ＳＮＳでアップするという行動です。新しい知識や用語を習得し、それを皆に知らしめることで承認欲求を満たして満足するケースが多いように私は感じます。

こうした状況に陥らないためには、自身のスキルアップを目的とし、知識を実践スキルにつなげる意識を持つことが大切です。

新たな知識を実践スキルにする方法は、闇雲に知識を吸収するのではなく、自身のコンサルティングに関係する知識を重点的に学び、知識と現場の状況を紐づけて覚えることです。

具体的には、現場のコンサルティングを実施する中で知識が不十分であると認識した課題や、コンサルティングのスキルを高めるために必要と感じた課題について、それを補う、あるいは高めるために、研修や書籍を活用して習得することです。そして新たな知識を使って現場でどのように活用するかを頭でイメージすることです。

なお、コンサルティングの実践の中でも、この課題解決思考で取り組むことで、さまざまな気づきを得ることができます。現場の実践での気づきはそのまま実践スキルとなるため、スキルアップには非常に有効です。

ただし、課題解決思考で踏み込んだ支援を行うのではなく、当てはめ思考で提案するなど表面的な対応では、コンサルティングの現場が単に知識を披露する場になってしまうため、いくらコンサルティングの経験を積んでも気づきを得ることがほとんどできず、成長は望めません。実務や書籍、研修などで実践スキルを高めることで、コンサルティングのスキルを右肩上がりで高めることができるのです。

なお、未経験で実践スキルが乏しくても、課題解決思考を習得していれば、方向性を誤ることはありません。具体的な提案が不十分でも、いろいろな書籍を読んで提案内容を精査するなり、クライアントの社長や社員を巻き込んで皆で吟味すればよいのです。

実践スキルが乏しくても、課題解決思考で正しい方向性を導くだけでも価値のある提案といえるのです。

具体的な提案も大切ですが、その前に、しっかりと今後の方向性を示すことが重要であり、課題解決思考が大いに役立つのです。

5. 課題解決思考を阻害する三大不適切思考法

三大不適切思考法とは、前述した課題解決思考の手順通りに思考することを妨げてしまう思考法です。これらは大きく三つありますが、最も多くの人が陥っているのが、前述した「当てはめ思考」です。

当てはめ思考とは、相手の現状把握が不十分な中で、自身の知識をそのまま当てはめることです。最適な解決策を提案するためには、本来であれば相手の状況に合わせた提案をしなければなりません。しかし相手の現状把握が不十分な中で提案をするので、問題は解決しないのです。

当てはめ思考を、前述した事例を使って再確認してみましょう。

ある企業のコンサルティングでヒアリングを行っている際に、社長が「営業成績が悪化している」と言ったとします。これが課題解決思考の「問題点の発見」に当たります。しかしこの問題点の原因を究明せずに、コンサルタントは「それでは営業を強化するために『営業教育』を実施しましょう。我々の営業教育の半年間で完成する教材を実施すれば解決します。料金は半年で五百万円です」と提案し、社長はそれを信じて承諾しました。

つまり、当てはめ思考の提案が受け入れられ、コンサルティング会社は自社の営業教育パッケージの導入に成功したのです。

しかし、営業成績が悪化した原因は、営業マンのスキル不足であるとは限りません。つまり営業成績悪化の真の原因は「営業マンのスキル不足」ではないのです。

そのため、いくら高額な営業教育を実施しても、同社の「営業成績の悪化」という問題は解決しません。したがって、いくら五百万円をかけて営業教育を実施したところで、営業成績の改善の効果は限定的なのです。

ただし、営業教育は、営業マンのスキル向上に多少なりとも役立つため、営業成績改善に少しは効果があると思われます。そのため社長としては、真の原因が解決せず、営業成績が本質的に改善されなくても、とりあえず納得するケースが多いのです。

しかし営業教育というのは、今回のケースでは営業成績悪化を改善する直接的な施策ではなく、副次的な施策であり、客観的に見て合理的な施策とはいえません。

そして営業教育終了後、コンサルタントは次の課題について社長と打ち合わせをしたところ、今度は社長はコンサルタントに「営業マンのモチベーションが低下している」と伝えました。

そこでコンサルタントは「社員のモチベーションを上げるために『目標管理制度』を導入しましょう。当社のしくみであれば半年間で五百万円で導入できます」と伝え、今回も社長は提案を承諾しました。

再び当てはめ思考の提案が受け入れられて、コンサルタントは自社の目標管理パッケージの売込みに成功しました。

しかし営業マンのモチベーションが低下している原因は、営業マンが将来の目標を見失っているわけでも、将来に不安を感じているわけでもないので、営業成績悪化の真の原因は社員のモチベーション低下ではありません。そのため、目標管理制度を導入したところで、営業成績の改善は見込めないのです。

しかし社長は、目標管理という新たなしくみが導入でき、そして営業のモチベーション向上に一定の効果があったため、満足しました。

このように、コンサルティング会社が社長にさまざまな提案をして、自社のパッケージを売り込んでいるのが実態であり、当てはめ思考の提案が一般的に行われているのです。

しかし、結局は営業成績悪化という課題は解決しませんでした。

そこで社長は、別のコンサルタントに同じ依頼をしました。

そのコンサルタントは、営業成績悪化の真の原因を究明するため、課題解決型ヒアリングを実施しました。

問題の原因を掘り下げていくと、営業成績が悪化したのは、営業マンが新製品の説明ができず、新製品の売上が思うように伸びていないのが真の原因であることが判明しました。新製品が従来品と異なる新たなカテゴリーの商品であり、営業マンは誰も理解できていなかったので、その商品の特徴や強み、顧客のベネフィット（利益）などを紹介することができませんでした。

結果、最初はカタログベースで製品のスペックを説明するだけだったのですが、顧客の良い反応を得られず、しばらくして営業マンは積極的に新製品の説明をしなくなってしまっていたのです。

営業マンが製品説明できないのであれば、その製品の特徴や顧客のベネフィットを説明できるような営業ツールを作成すればいいのです。そうすれば、説明の難易度が高い製品でも、営業マンはそれを読むだけで、顧客に製品の良さを伝えることができます。

【「当てはめ思考」の例】

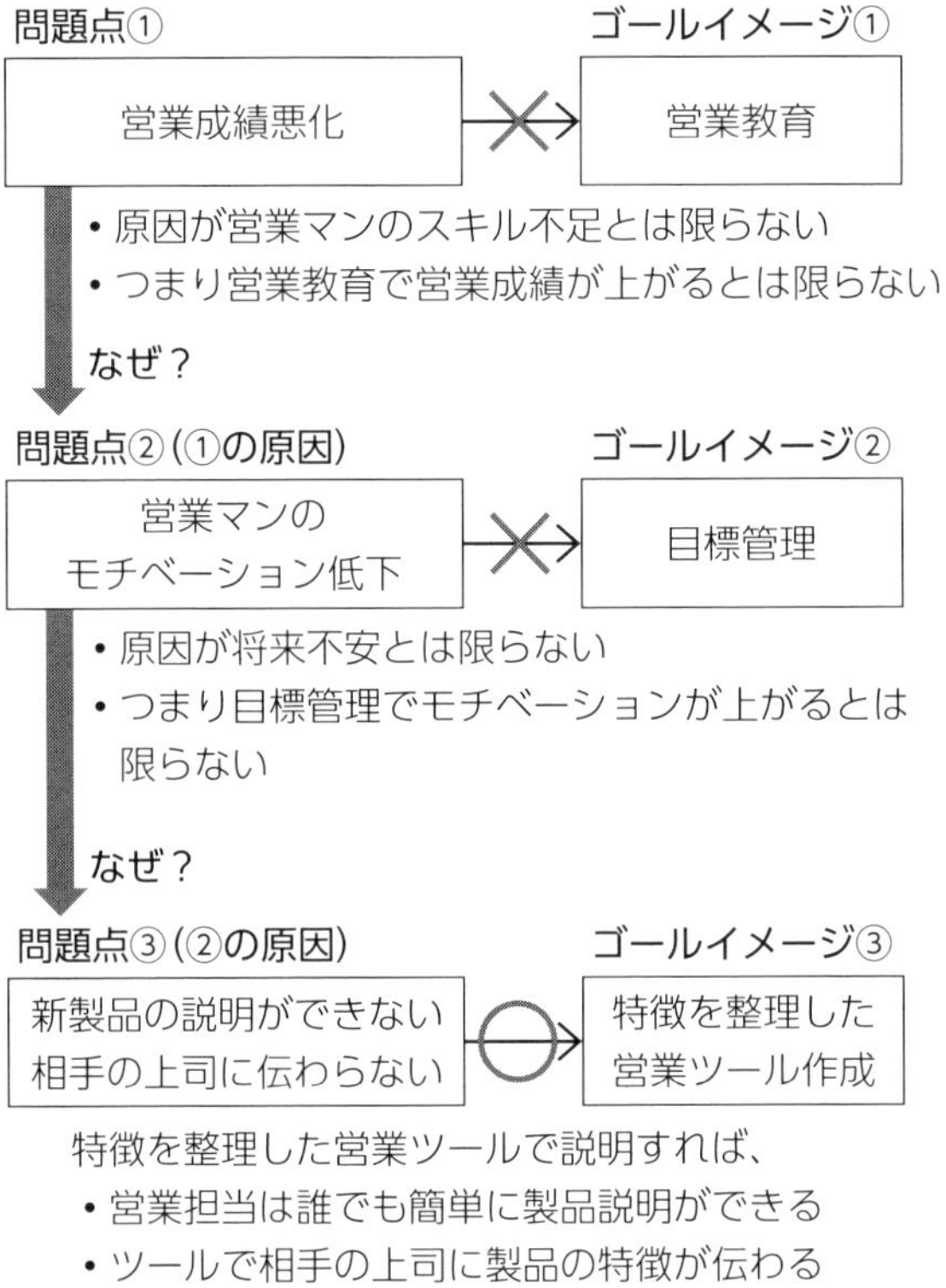
問題点①
ゴールイメージ①
営業成績悪化
営業教育
・原因が営業マンのスキル不足とは限らない
・つまり営業教育で営業成績が上がるとは限らない
なぜ？
問題点②（①の原因）
ゴールイメージ②
営業マンの
モチベーション低下
目標管理
・原因が将来不安とは限らない
・つまり目標管理でモチベーションが上がるとは
限らない
なぜ？
問題点③（②の原因）
ゴールイメージ③
新製品の説明ができない
相手の上司に伝わらない
特徴を整理した
営業ツール作成
特徴を整理した営業ツールで説明すれば、
・営業担当は誰でも簡単に製品説明ができる
・ツールで相手の上司に製品の特徴が伝わる

つまり、この「誰でも説明できる営業ツールの作成」が課題解決思考の「ゴールイメージ描写」になるのです。

新たなコンサルタントは、ゴールイメージが描写できるところまで問題の原因を掘り下げたため、この「営業マンが新製品の説明ができない」ことが営業成績悪化の真の原因であることを突き止められたのです。

このように、課題解決思考で掘り下げて真の原因を究明すれば、問題点を改善できる方向性をはっきりと示すことができるのです。

真の原因を掘り下げずに提案するという当てはめ思考の行為は、前述した医者の例で、腹痛で下痢気味で、実際は胃潰瘍であるにも関わらず、医者が検査をせずに腹痛薬を提示しても、胃潰瘍は完治しないのと同じなのです。

この当てはめ思考は、多くのビジネスマンが無意識に陥る現象であるため注意が必要です。

私が幾度も経験した中での一つの事例をお伝えします。

現場の支援をしていた某企業に、非常に優秀な営業マンがいました。当初彼は一般的なマーケティングの知識は皆無でしたが、営業成績も良く、現場主義で、顧客に関わるさまざまな問題を解決している非常に優秀な社員でした。

私がコンサルティングでその会社に携わるようになって、彼からさまざまな相談を受けるようになりました。優秀で意識の高いビジネスパーソンの成長を支援することは、私にとってこの上ない喜びでしたので、彼にさまざまなノウハウを丁寧に伝えました。その結果、彼は短期間で多くのマーケティングの知識を習得しました。

しかしいつの日か、彼の仕事のやり方が急変してしまいました。これまでの現場主義で常に顧客に向き合っていた仕事のやり方ではなく、ある時からマーケティングの専門用語を多用するようになって、現場の状況を細かく確認しなくなったのです。

その会社は中小零細企業で、周りにマーケティングについて知っている社員はいなかったため、彼の周囲への態度が変わり、打ち合わせでも自身の持っている知識を誇示するようになり、上から目線で発言するようになったのです。

つまり、マーケティングの知識を身に付けたことで、その知識を現場に当てはめる「当てはめ思考」に陥ってしまい、業務に対する姿勢まで変わってしまったのです。

課題解決思考は、現場の現状を把握し、問題点を見つけて原因を突き止めるという手順です。この手順は難しいものではなく、特に専門的な知識がなくても、現場主義を徹底しているビジネスパーソンは自然と実施しているケースが多いのです。

彼の場合、元々現場主義、顧客主義で活動していたため、無意識に自然と課題解決思考の手順通り思考し、実行することができていました。その結果、優秀な成績を収めることができたのです。

しかしマーケティングの専門知識を習得することによって、課題解決思考を活用する現場主義から、当てはめ思考に陥ってしまったのです。

このように、知識を習得することで、当てはめ思考に陥るケースはよくあります。コンサルタントの中で最もよく目にするのが、この当てはめ思考です。そしてこの当てはめ思考が、課題解決思考を阻害する最も大きな要因といえるのです。

課題解決思考は、まず現状把握がスタートです。課題解決思考は「現場主義」でなければなりません。そして提案力のレベル向上には実践スキルが必要になります。つまり、コンサルタントとして、あるいはビジネスマンとして成長し、レベルアップするためには、課題解決思考と実践スキルを両立しなければなりません。

そのためには、知識を習得する際は、専門用語を暗記するのではなく、現場に活用する「実践スキル」として習得するのです。前述したとおり、習得しようとする知識が現場のどのような問題を解決するかを意識して習得することを心掛けるのです。特に専門用語というのは暗記することが難しいため、現場で活用できないものは覚えなくてもいいと割り切るのも一つの手です。

続いての課題解決思考の阻害要因は「指摘思考」です。

指摘思考とは、問題点の原因を究明せず、問題が見つかるとすぐ指摘するという思考法です。コンサルタントの中には、ヒアリングの途中で問題点を発見すると、原因を究明せず、それ以降の現状把握をすることなく、すぐに指摘する人がいます。また議論の時など、誰かが発言したことに対して本筋ではないところで指摘ばかりする人もいます。こういう人が陥っているのが指摘思考です。

指摘すること自体は、誤りを正す効果があるため有効なのですが、議論で相手を打ち負かしたり、自身を賢く見せたりすることが目的になることも多く、それでは本筋の議論が停滞する恐れがあり、課題解決に向けた議論もできないため、この思考法では課題の解決策を導くことはできません。実際に、会議に一人でも指摘思考の人が参加していると、指摘されるのを恐れて誰も発言しなくなる恐れが出てくるため、本筋での活発な議論の妨げになります。そのため指摘を有効にするには、会議などでは「積極的に意見を出す」ことを方針として打

【課題解決思考と三大不適切思考】

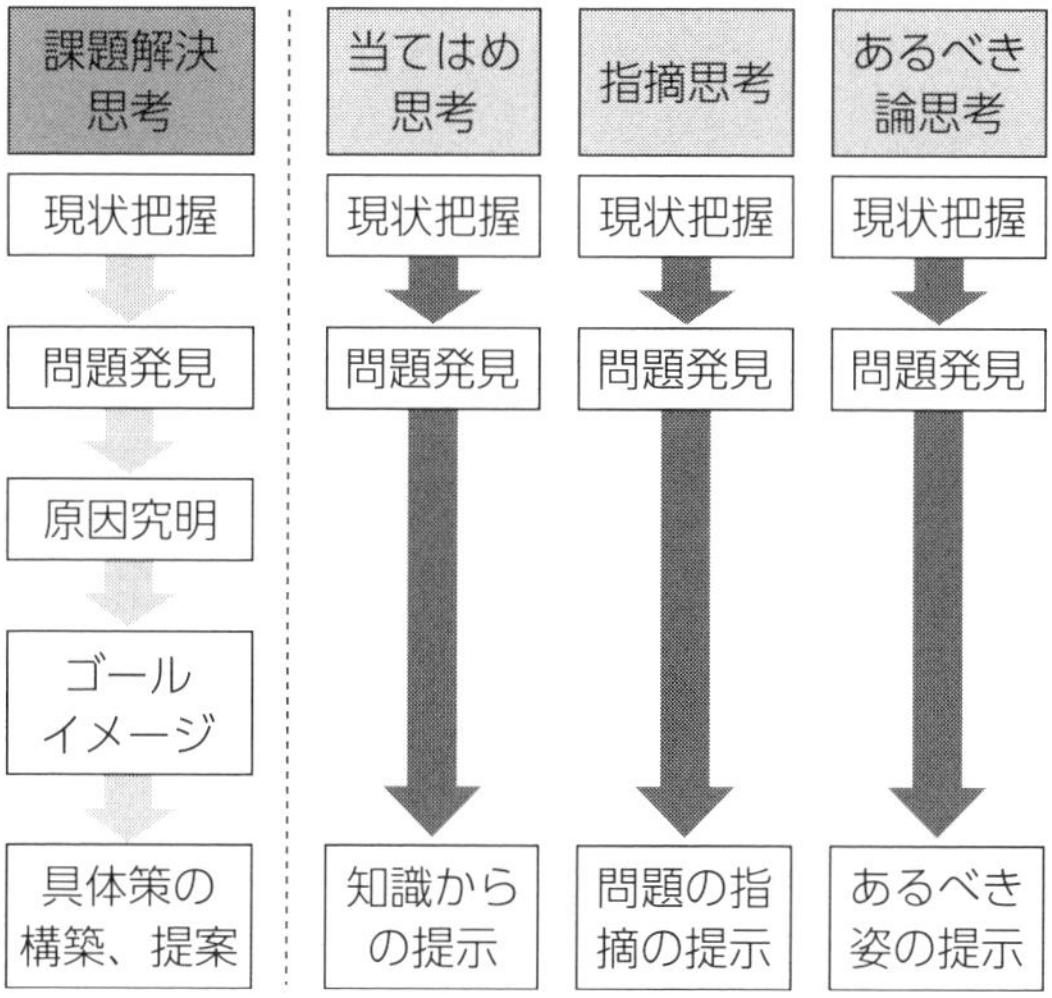

ち出すなどにより、指摘を恐れず意見が出せる環境づくりが必要といえるでしょう。

３つ目の「あるべき論思考」とは、問題の原因を究明せずに、あるべき姿を主張するだけの思考法です。

例えば、営業成績が振るわず目標を達成できなかった際に、「外勤率が低いので外出を増やすべきだ」と主張するようなケースです。

厄介なのは、この主張が正論であるため、反論が難しいことです。

しかし外勤率が低い原因は、営業の事務処理が多いという場合もあり、外出を増やせない個別の原因を追究しなければ行動に結びつきません。

あるべき論思考の人は、個別の原因について究明しようとはしません。当然、課題解決にはつながらないのです。

これ以外にも、思いつきで主張するタイプ、思い込みが激しく自身の主張を曲げようとしないタイプ、何でもルールや指示通りにしか思考できないタイプなど、さまざまな思考のタイプの人はいます。また、そもそも考えることを苦手にしていて、常に誰かに指示されることを望む人もいます。ただ、コンサルタントで目立つのが、先述した三大不適切思考です。なぜなら「賢く見えるから」です。

実際に、この三大不適切思考を状況に合わせて使い回している人をよく見ます。この思考法を組み合わせて使っていれば、傍からは賢く見えてしまうので、それで満足している人が多いのです。しかしそれでは各顧客特有の課題を解決する提案は出てきません。

6. 課題解決思考の脳内メカニズム

前述した通り、いくら知識が豊富でも、それらの知識が現場で活用できる実践スキルでなければコンサルティングのスキルを高めることができません。なぜなら、知識を相手にそのまま当てはめることしかできず、相手に適合した提案ができないからです。

それでは課題解決思考で実践スキルを活用することと何が違うのかを、脳内のメカニズムのイメージで説明します。

当てはめ思考は前述の通り、コンサルティングでは、ヒアリングで収集した情報の一つのキーワードだけで提案を行うことです。

例えば、ヒアリングで相手企業の社長から「営業成績が悪化して困っている」というキーワードが発せられると、「営業成績悪化＝営業教育」と反射的に捉えて、営業教育の提案をしてしまうことです。

これは、営業成績が悪化した時の改善策として、コンサルタント自身が「営業教育」とい

当てはめ思考のイメージ

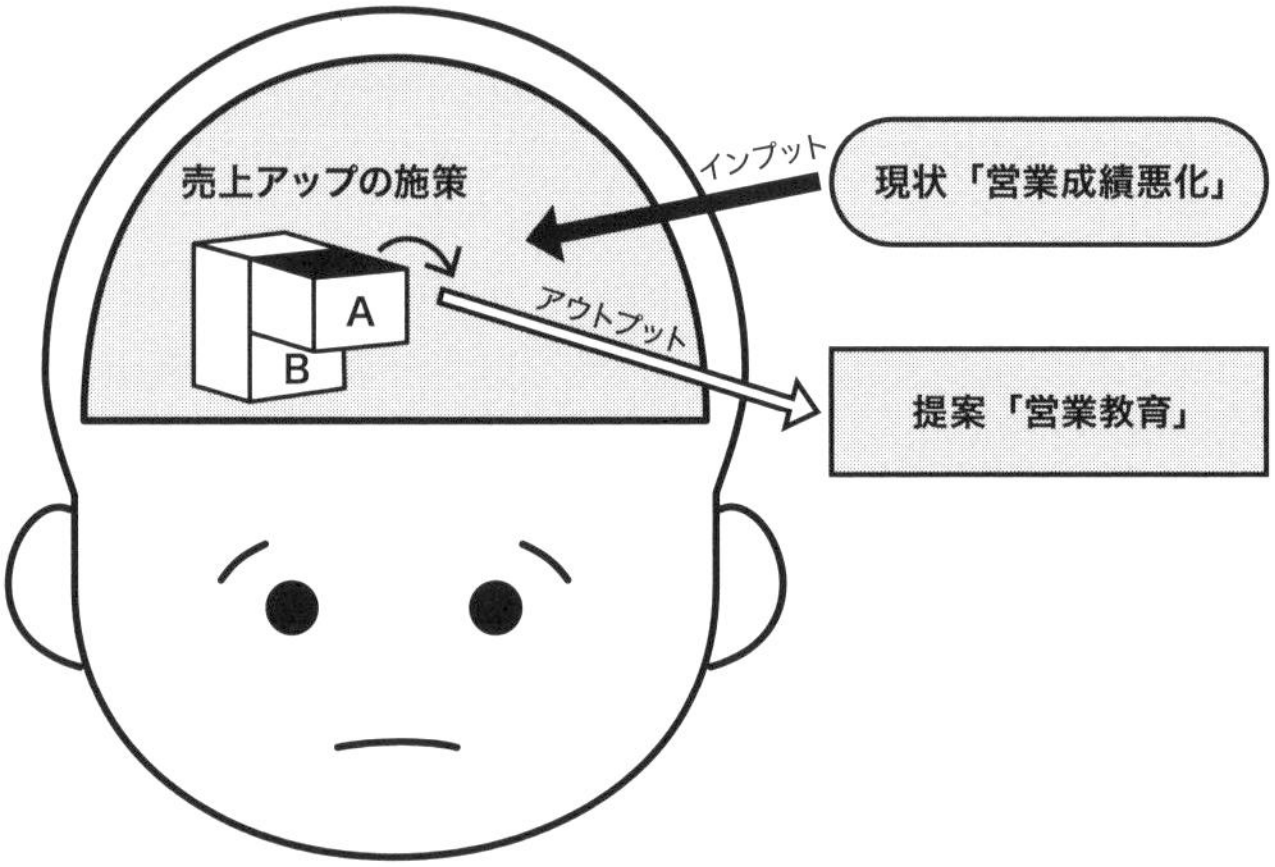

課題解決思考のイメージ

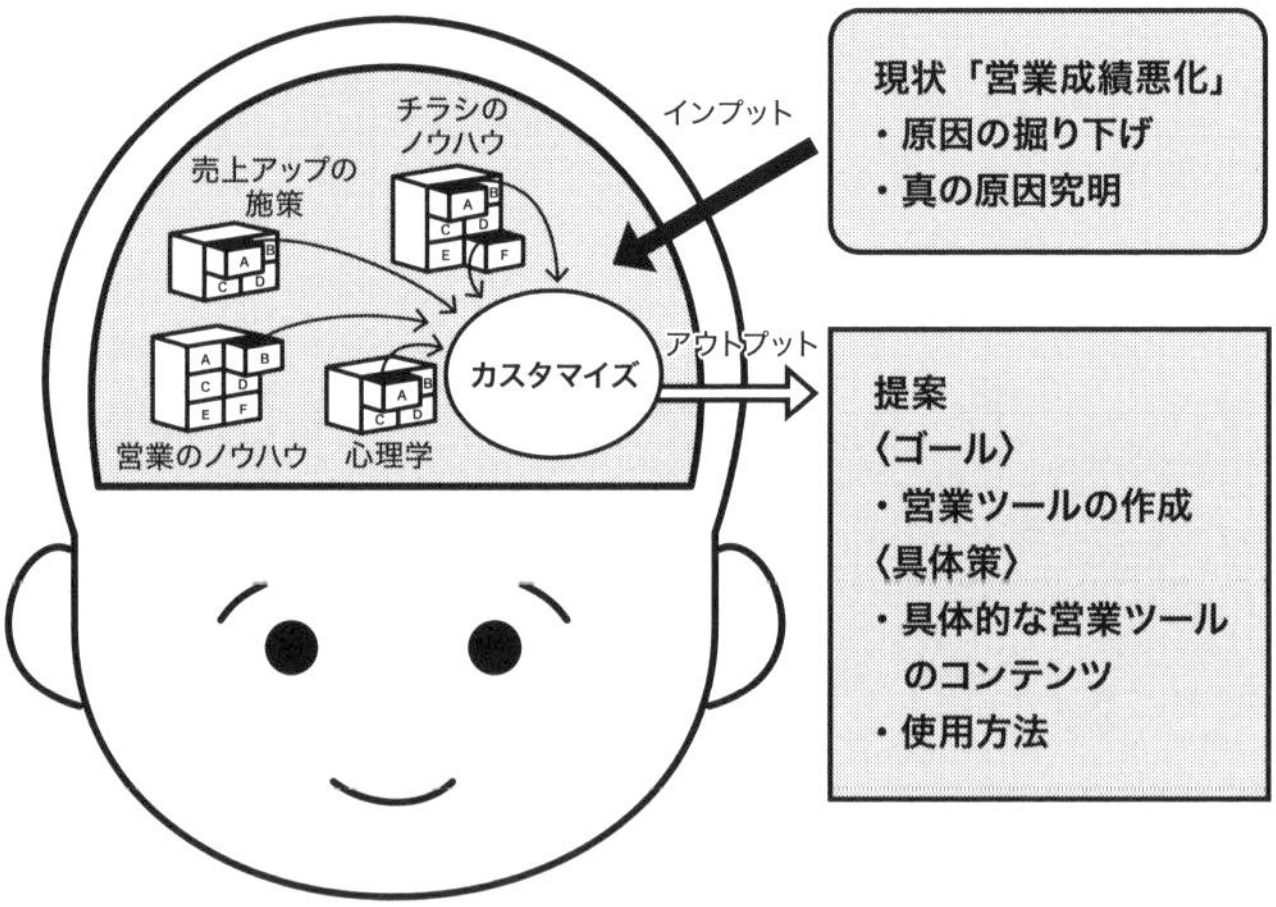

う解答しか持っておらず、それをそのまま提案してしまうために起きることです。しかしながら、その企業特有の原因を究明しなければ、営業成績は改善しないのです。

一方で「課題解決思考」は、「営業成績悪化」という情報だけでなく、原因を掘り下げて真の原因を究明します。結果、真の原因を改善する施策である「営業ツールの作成」というゴールイメージを描くことができるのです。

さらに具体策として、営業ツールに関するさまざまな実践スキルを活用して、この営業ツールのコンテンツの作成と、ツールの使用方法についてもアドバイスします。

このように、相手に最適なゴールイメージと具体策をカスタマイズして提案するのです。

これが、高品質な提案を行うためのメカニズムです。

なお、具体策の提案について、営業ツールのコンテンツ作りや、効果的な使用方法まで提案するには、「売上アップの施策」や「営業のノウハウ」「チラシのノウハウ」さらには「心理学」の知識など、さまざまな実践スキルが必要になります。こうした豊富な実践スキルを保有することで、より具体的かつ効果的な提案を行うことができるのです。

ゴールと具体策を提案することで、クライアントは課題解決に対して即アクションに移ることができます。

なお、本事例では、営業ツール作成という「ゴールイメージ」は描きやすいですが、相手に最適な営業ツールのコンテンツを作成して、使用方法まで構築するという「具体策」まで提案するのは難しいかもしれません。なぜなら、チラシの作成には前述のとおり、営業やチラシについてさまざまなノウハウが必要になるからです。

その際は、コンサルタントと社長や従業員と「営業ツールをどのように作ればいいのか」という議論をしながら作成していけばよいでしょう。そうすれば、集中してコンテンツ作りに取り組むことができます。

これこそが、営業成績悪化を改善するための本質的な思考や議論、取り組みに集中できている状態になるということです。

このように、課題解決思考で提案すれば、最短距離でゴールと具体策に到達でき、無駄のない、本質的な思考や議論に集中できるのです。

なお、こうしたさまざまな情報と実践スキルをカスタマイズして構築する具体的な提案は、情報量が増えるほど煩雑になるため、頭の中だけで構築するのは困難です。そのため、解決策を導くためのキーワードを書き出して見える化し、それらを見ながら提案を導き出していくことが効果的です。

このように、「当てはめ思考」と「課題解決思考」は、解決策の構築、提案を行う際の脳内のプロセスがまったく異なります。

ちなみに、当てはめ思考が必ずしも悪いというわけではありません。膨大な専門知識を保有していれば、当てはめ思考が有効に機能することもあります。

例えば、ある特定の業種や職種に特化した「専門コンサルティング」の場合、コンサルタント本人が持つ専門性の高いノウハウ（実践スキル）を伝授する、というスタイルのコンサルティングが多いです。そしてクライアントは、コンサルタントの高い専門性の提供を受けることを求めています。

そのため、専門コンサルティングであれば、当てはめ思考での提案が有効であることがわかります。

ただしそれらのノウハウは、すべての企業に当てはまるとは限りません。

例えば、大企業と中小企業では、事業規模や経営資源に大きな差があります。そして大企業は一定の内部留保を保有しているため、設備投資で一気に改善することは可能です。

一方で中小企業は、ヒト・モノ・カネの経営資源は不足気味です。そのため、現在の人材で、コストをかけずに改善するための施策が必要になります。

このように、同じ業種であっても、企業規模が違うだけで施策は大きく異なります。そのため専門コンサルティングであっても、実際にはクライアントの規模、各企業の事業環境や経営状況に合わせたカスタマイズは必要になってくるでしょう。

ちなみに、課題解決思考と実践スキルが向上すれば、ゴールイメージだけでなく、具体的な施策までイメージすることができるようになります。もちろん、これは決まったプロセスをそのまま当てはめるものではなく、相手にとって最適なゴールと施策です。このレベルまで成長すると、さまざまな企業の状況に応じて柔軟かつ機動的に戦略（全体設計）と戦術（詳細設計）が描けるようになります。つまり、コンサルティングによってさまざまな企業の「経営の疑似体験」ができるようになり、仕事がより充実したものになるでしょう。

7．コンサルティングで必要なヒアリング

本章はこれまで「思考法」についてお伝えしましたが、ここからは「ヒアリング」について説明します。

第１章でもお伝えしましたが、コンサルティングとコーチングでのヒアリングは根本的に異なります。しかし前述したとおり、これらを混同したヒアリングが行われているのが現状であるため、再度、違いについて整理します。

コーチングの目的は、相手の心や考え方、セルフイメージを変えて、本人の人生を変えることです。本人のアクションだけでなく、心や考え方といった根本を変えることが目的になります。

そのため、ただやり方を伝えるだけでは解決しません。コーチが答えを出すのではなく、本人自らが答えを出すように導く必要があります。また、コーチングで細かいアクションまで支援する必要はなく、本人が進みたい方向性を導いたり、本人が本当になりたいゴールを

【コーチングと課題解決型のヒアリング比較】

	コーチングのヒアリング	課題解決型ヒアリング
手法	•感情のコミュニケーション •相手に考えさせて、自ら答えを導くようにする	•情報のコミュニケーション •自身で答えを導き出すために、意見交換しながら情報収集する
テーマ	•気持ち、心	•企業の課題
ポイント	•寄り添い・傾聴・共感しながらヒアリング	•思考（分析）しながらヒアリング
重視	•「気持ち（心）」を重視	•「事実（現状把握）」を重視
目的	•ゴールや方向性を導く	•情報収集 •最適な戦略・戦術の提案

描かせることが目的になります。

支援のポイントとしては、コーチングは相手の心や考え方が対象になるため、相手に寄り添い、傾聴し、共感しながらヒアリングを行うことが重要です。「言葉」や「事実」より「気持ち（心）」を重視するため「感情のコミュニケーション」を重視します。

一方でコンサルティングのヒアリングの目的は、正確な情報を収集し、企業の最適な戦略や戦術を構築して、アクションを変えることです。これらを構築するには高い専門性が必要になるため、コンサルタントが自ら提案することが求められます。

求められる支援のポイントとなるのは、

相手企業の現状をしっかりと理解し，思考（分析）しながらヒアリングをすることであり，意見交換をしながら正確な情報収集を行って企業の課題を発見し，解決策を提案することが求められます。

コンサルティングでは「事実」が何かを突き止めて現状把握を行うことが重要で，そのためには正確な情報を収集することが必要になるため「情報のコミュニケーション」といえるでしょう。

このようにコンサルティングとコーチングとでは，目的やポイント，答えを出すか否かまでまったく異なります。そして「クライアント自身が答えを出す」という手法はコーチングであり，本来のコンサルティングではありません。

もちろん，コンサルティングのヒアリングであっても，相手に寄り添う気持ちで取り組むことが重要です。そのためには，相手に傾聴したり共感したり，うなずきや相手の眼を見て話をすることなども大切です。

しかし必要なことはあくまで情報収集であり，相手企業の「事実」を収集しながら課題解決思考でヒアリングする必要があります。そのため，コーチングのように「共感」「傾聴」を目的に置いて取り組むのではなく，情報収集を軸に置き，共感・傾聴は手段の一つとして取り組むことが必要なのです。

なお、「コンサルティングを行いながらコーチングの手法を活用する」という方法は、一部では有効な場合もあるかと思います。

しかし実際のコンサルティングでは、コンサルタントによる具体策の支援がなければ、クライアント側の社長や従業員だけで改善施策まで構築することは困難な場合が多々あります。なぜなら社長や従業員は、具体策の専門的なノウハウを持っていないからです。会社側で考案した解決策の効果が不十分で、無駄な時間やコスト、労力をかけてしまうことも少なくありません。

そのためコンサルタントは、コンサルタントとコーチングの使い分けを考えるのではなく、徹底的に自身のスキルを高めて、より効果的な提案ができるようになることに注力するほうが、クライアントにとっては有効といえるでしょう。

8. 「課題解決型ヒアリング」とは？

これまでお伝えしてきた「課題解決思考」や「ヒアリング」を踏まえて、ここで本題の「課題解決型ヒアリング」について説明していきます。

「課題解決」とは、前述のとおり「目標と現状とのギャップを捉えて、そのギャップを埋めることで目標を達成すること」であり、問題点などマイナス面を解決する場合と、強みや価値といったプラス面を向上させたり活用したりするという場合の双方で使用する言葉です。

「課題解決型ヒアリング」とは、「課題解決思考と合わせてヒアリングすること」であり、ヒアリングの各項目について、課題解決思考の手順でヒアリングを実施することです。

課題解決型ヒアリングで、相手から情報を収集する際にポイントとなるのは「現状把握」「問題点・強みの発見」「原因究明」です。まずは「現状把握」を行うことが重要であり、相手の話をしっかりと「理解」することがスタートです。

コンサルティングでは、コンサルタント自身が知らない業界情報から、企業内部の経営体制や組織体制、戦略、人事労務、会計処理、営業、製造、店舗まで、短時間で幅広く情報収集しなければなりません。それらの情報の中から問題点を抽出し、掘り下げて原因究明しなければなりません。これらを短期間で行う必要があります。そのため、ただ闇雲にヒアリングをしていてもうまくいきません。

課題解決型ヒアリングでは、まずは膨大な情報をヒアリング項目に細かく分けて、各ヒアリング項目を一つひとつ丁寧に「理解」して進めていくことが重要です。もし理解できなければ、その内容についての現状把握や問題点の発見、原因究明までたどり着かないからです。

課題解決思考は「課題を解決するための思考法」です。そのため、情報収集を必要とするさまざまなビジネスシーンで効果を発揮します。具体的には、事業ＤＤ（デューデリジェンス）や現場の支援といったコンサルティングの場面、その他、提案型営業やトラブル対応、新商品開発などが挙げられます。

次章では、課題解決思考の具体的手順について説明していきます。

【第３章】

「課題解決思考」の手順

1. 課題解決思考の手順①：現状把握

本章では、第2章で紹介した課題解決思考の手順について説明していきます。

まずは「現状把握」です。

現状把握とは、「事実」を「正確」に「理解」することです。

課題解決に必要な情報は「事実」であり、それ以外の情報は必要ありません。しかしヒアリングでは、相手は事実だけを話してくれるとは限りません。事実について聞いても、相手の話す内容に事実以外の「考え」「思い」「感想」「想像」「期待」などが含まれる場合も多くあるからです。

特に、インタビューのように相手が長く話せば話すほど、事実や質問から外れた話になる傾向があります。そのため、こまめに質問して事実を確認することが必要です。これについては、次章「ヒアリング7ルール」で詳細に説明します。

【課題解決思考の手順】

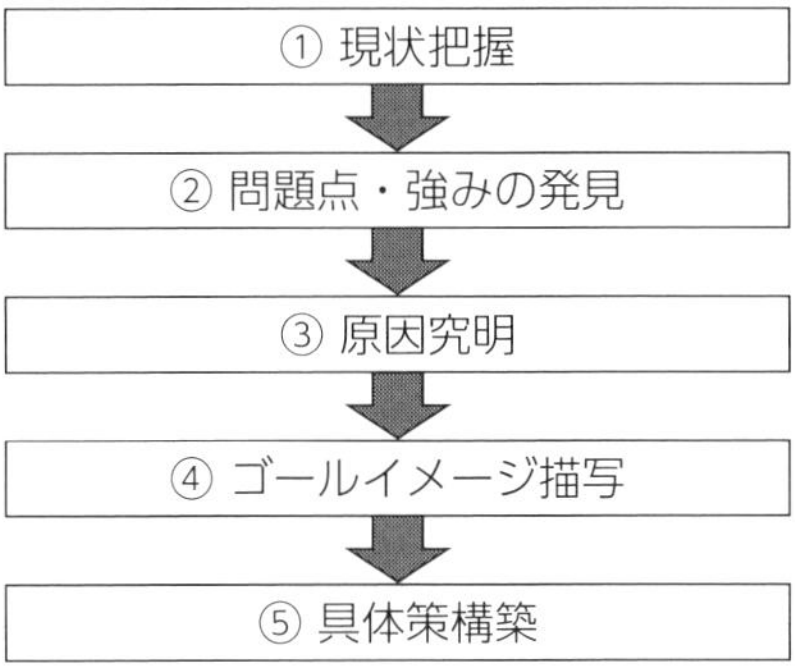

提案のためには事実だけでよいのですが、相手が実際に「決断」する際には、事実以外の状況も考慮して行います。そのため、クライアントである社長にとって「コンサルタントの提案＝一つの案、判断材料」であり、「コンサルタントの提案≠決断（提案がそのまま決断にはならない場合もある）」ということです。

例えば次のような状況です。

・コンサルタントが提案したA案と、社長自身が考えたB案がある

↓

・当社の課題解決に効果が高いのはA案である

↓

・ただし、A案では社員の納得が得られず、A案を実行しようとしても社内がバラバラになって、現時点でA

案を即実現することは難しいと考えられる

↓

• B案はA案よりも効果は限定的であるが、ある程度の効果が見込め、かつ多くの社員が同意するため、B案のほうが実現可能性は高い

↓

• そのため、B案に決定しよう

これは、社長のリーダーシップ不足が要因の決断だといえるかもしれません。

課題解決思考による提案は、決断の前段階の「判断」であり、最適かつ合理的な答えを導き出すために活用するものです。課題解決思考で最適な判断を行った上で、相手が柔軟に決断することはあるのです。

その他、実際の現場では、改善提案をまったく取り入れずに従来通りの業務を継続したり、簡単な内容だけ実施したりするケースもよくあります。これは、多忙で実施する暇がない、意識が低いなど、社長の個人的な理由であることが多いのですが、コンサルティング契約が報告書作成までの場合、実行支援や実施状況のチェックまではできません。

【理解したつもり】	
•	言っていることが何となくわかる
【理解した】	
①	言葉の「意味」を理解した
②	言葉や内容が「イメージ」できる
③	因果関係がある（論理的につながりがある）
④	説明できる

しかし、社長自身が、明らかに課題が解決しないような決断をしようとする場合は、可能な限り、はっきりとその旨を伝えることが重要でしょう。

なお、現状把握が不十分な中で物事を決めてしまい、それが、仕事がうまくいかない大きな要因になっていることは、前述したとおりです。

ヒアリングでは最初の現状把握のステップで、コンサルタントがしっかりと「理解」したかどうかが重要です。

注意が必要なのが、「理解したつもり」になって、実際には理解できていないというケースが極めて多いということです。

「理解したつもり」というのは、「言っていることが何となくわかる」という状態を「理解した」と勘違いする状態で、このレベルでは理解の程度は不十分です。

「理解した」とは、具体的には理解度が次の状態に達していることです。

①　言葉の「意味」を理解した
②　言葉や内容が「イメージ」できる
③　因果関係がある（論理的につながりがある）
④　説明できる

一つ目の「言葉の『意味』を理解した」というのは、文字通り用語がはっきりわかるという状態です。コンサルティングでは、未経験の業種を取り扱う場合も多くあるため、ヒアリングで、その業界の専門用語など、聞き慣れない言葉が出てくることはよくあるため、相手に確認を取ってしっかりと理解することが重要です。

二つ目の「言葉や内容が『イメージ』できる」というのは、言葉や相手の話す内容の画像が頭でイメージできる状態です。相手が話す内容が専門的であったり複雑であったりして話の内容が「文章（言葉）」として理解できても、その状況が頭にイメージできていなければ、理解したというレベルには達していないことになります。

三つ目の「因果関係がある（論理的につながりがある）」というのは、内容に原因と結果が紐づいている状態になっているという状態です。例えば「AだからC」と説明を受けても、「なぜAだとCになるのか」という根拠（理由・原因）が明確な状態でなければ理解したこ

【言葉のイメージ描写】

生産計画（月次）

	４月	５月	６月	７月	８月	…	年間合計
Ａ製品	400	600	600	800	800	…	8,000
Ｂ製品	300	300	200	200	200	…	3,000
Ｃ製品	200	100	100	50	50	…	1,500
：						…	

生産計画（日次）

		９時	10時	11時	12時	13時	14時	15時	…	日次合計
ライン①	Ａ製品								…	30
	Ｂ製品								…	10
	Ｃ製品								…	5
	：								…	
ライン②	Ａ製品								…	30
	Ｂ製品								…	10
	Ｃ製品								…	5
	：								…	

とはなりません。

そこで、ＡとＣの間にその根拠となるＢが入り、「ＡはＢだからＣ」「ＡならＣ、なぜならＢだから」というように、「Ａ→Ｂ→Ｃ」と内容が論理的につながって初めて理解したといえるのです。

つまり「Ｂ」が、「Ｃ」という結果になる根拠になるのです。

実例で説明すると、「新社長は優秀だから

売上・利益が大きく伸びた」という文章は、一見因果関係があるように聞こえますが、実際には優秀だからといって必ずしも売上や利益を大きく伸ばせるとは限りません。

つまり「新社長が『何をして』売上・利益が大きく伸びたのか」という根拠が足りないのです。

この「根拠」というのは、課題解決思考の「原因究明」に当たります。そして根拠を明確にするという原因究明のヒアリングを怠るケースが非常に多いのです。その理由は「理解した」とコンサルタントが思い込んでしまうことなのです。

こうした因果関係が直接つながらなくても理解したと思い込むことは、実際にも多いので注意が必要です。

四つ目の「説明できる」というのは、相手の話を自分の言葉で説明できる状態です。話の内容が複雑になると、自身で理解できたかどうか不安になることがあります。そのような場合は、相手の話の内容を頭で整理して、自分の言葉で話して相手に確認を取ることで、咀嚼できているかどうかを判断するとよいでしょう。

以上の4点がすべてクリアされた状態が「理解した」状態です。

これらを踏まえて、どのようにして「理解した」状態まで到達すればよいかを事例で見ていきましょう。

金型加工会社の社長のヒアリングで、強みについて質問したところ、社長が「私は図面を見ただけで金型をイメージできます」と答えました。

この言葉の意味はわかるので、これで「理解した」と思ってしまうケースが多いのです。

しかし、本当に理解するためには、まずは「金型加工の図面」や「金型」がどのようなものかを、頭でイメージできなければなりません。これらがイメージできていなければ、単に言葉の意味を理解したという「理解したつもり」のレベルでしかありません。

金型加工の「図面」とは、製品や構造物の図に、長さや角度などの数値が明記されたもののことです。

そして「金型」とは、液体の素材を流し込んで形を作るための型のことです。小さいものではコップや皿など、大型のものでは自動車のボディーなども、金型に液体のプラスティック素材や金属を流し込んで、各々の製品を作ります。

これらがどのようなものかの「画（え）」を頭でイメージできることが重要です。

しかし、これらがイメージできたとしても、社長の言う「図面を見ただけで金型をイメージできる」という言葉が本当に理解できたとはいえません。なぜなら、図面というのは金型が完成した形が示されたものなので、その図面を見れば金型の完成形のイメージができるのは普通のことであり、何が強みかが理解できないからです。

要するに因果関係が不十分で、「図面を見ただけで金型をイメージできることがなぜ強みになるのか」の根拠が不明確なのです。

そこでなぜそれが強みなのかを確認すると、社長は「金型の『工程』をイメージできる」と言い直しました。

図面から金型を作成するためには、それに至るまでの細かい工程（プロセス）が必要になり、金型が複雑になればなるほど、完成に至るまでの過程の難易度が高くなるそうで、社長は非常に細かく複雑な形状をした金型であっても、その金型を作るための工程をすぐにイメージできるというのです。社長曰く、相当な熟練者でなければできないことで、他社でこのレベルで実施できる技術者は多くはいないそうです。

そうすると、例えば「微細で複雑な金型を、短期間かつ高品質に作成することができる」「短期間＝低コストで作成できる」という強みにつながっていきます。

このように課題解決思考の「現状把握」では、このレベルに到達するまで情報交換をしながら情報収集することが求められるのです。

なお、第２章の「思考に関する課題」で取り上げた中で、「考えが足りない」「視野が狭い」というのは、この「現状把握」が不十分であることが原因です。そのため、詳細な情報を正確に理解することができれば、これらの課題はかなり解決できるでしょう。

2. 課題解決思考の手順②：問題点・強み発見

次に「問題点・強み発見」です。

これは、現状の中で問題点や強みを発見することです。ヒアリングで現状把握を行っている中で、問題点や強みがあれば、それが「問題点・強み発見」になります。

この話をすると「ヒアリングしていても何が問題なのかがわからない」と言う人が出てきますが、難しく考える必要はありません。単にマイナス面の内容やネガティブな言葉が出てきたら、それが問題点と捉えればいいのです。

例えば、ヒアリングで社長が「当社は営業力がない」「社員が自分で考えて行動しない」「納期が遅れる」「在庫が多い」など、マイナス面な事柄が出たら、これが「問題点の発見」になるのです。

逆に、「うちは営業が強い」「社員が皆前向きで積極的に提案してくれる」、また「短納期で対応できる」など、プラス面の話が出たら、その時点で「強み発見」になります。

【問題点の例】

<ヒアリングでの社長の発言>
- 営業力がない
- 社員が自分で考えて行動しない
- 納期が遅れる
- 在庫が多い
- ホームページに強みの記載がない

　：

<決算書（財務分析）>
- 営業利益がマイナス
- 原価率が高い

　：

ヒアリング以外では、例えば財務分析を行って「営業利益がマイナス」「原価率が高い」などが判明すれば、それが問題点の発見になります。

また、ヒアリングする前の事前確認で、ホームページがなかったり、ホームページはあってもその内容が不十分であったりすると、それが「問題点の発見」であり、逆にホームページが充実していたり、ＳＮＳでさまざまな情報を頻繁に発信していて、フォロワー数も多ければ、それらが強みになります。

「問題点・強みの発見」は、ヒアリングのほか、財務分析や事前確認で見出していきます。

問題点や強みの抽出が難しいと感じるのは、ヒアリングを行う本人に「問題点を発見する」

という意識が足りず、マイナス面の話があってもスルーしてしまうことが多いからです。意識さえすれば問題点や強みをキャッチできます。

ただし単に発見するだけでは不十分で、次のステップの「原因究明、真の強み究明」で掘り下げることがポイントになります。

なお、第2章の「思考に関する課題」で取り上げた中で、「考えが足りない」「視野が狭い」というのは、「現状把握」と同様に「問題点・強みの発見」が不十分であることが原因です。そのためこれら「現状把握」「問題点・強みの発見」を確実に行えば、「考えが足りない」「視野が狭い」という思考の課題は解決するでしょう。

3. 課題解決思考の手順③：原因究明、真の強み究明

続いて「原因究明、真の強み究明」です。

発見した問題点や強みを掘り下げて、問題の原因究明や真の強みを究明することです。掘り下げる方法は、「なぜ？」と問いかけることです。これを「なぜなぜ分析」といいますが、問題点や強みは、このなぜなぜ分析で掘り下げていきます。

ここでポイントとなるのが「どこまで掘り下げるのか？」についてです。

問題解決系の書籍や研修でよくあるのが、このなぜなぜ分析の掘下げを「3回まで掘り下げる」「5回まで掘り下げる」といった、回数で区切っていることです。

しかし、この回数には何の根拠もなく、問題の内容によっても掘り下げる回数は変わるので、掘り下げる回数を決めつけるのは有効ではありません。

また、際限なく掘り下げて考えると、最終的に「社長が原因」という結論に到達してしまいます。

【問題点の原因究明】

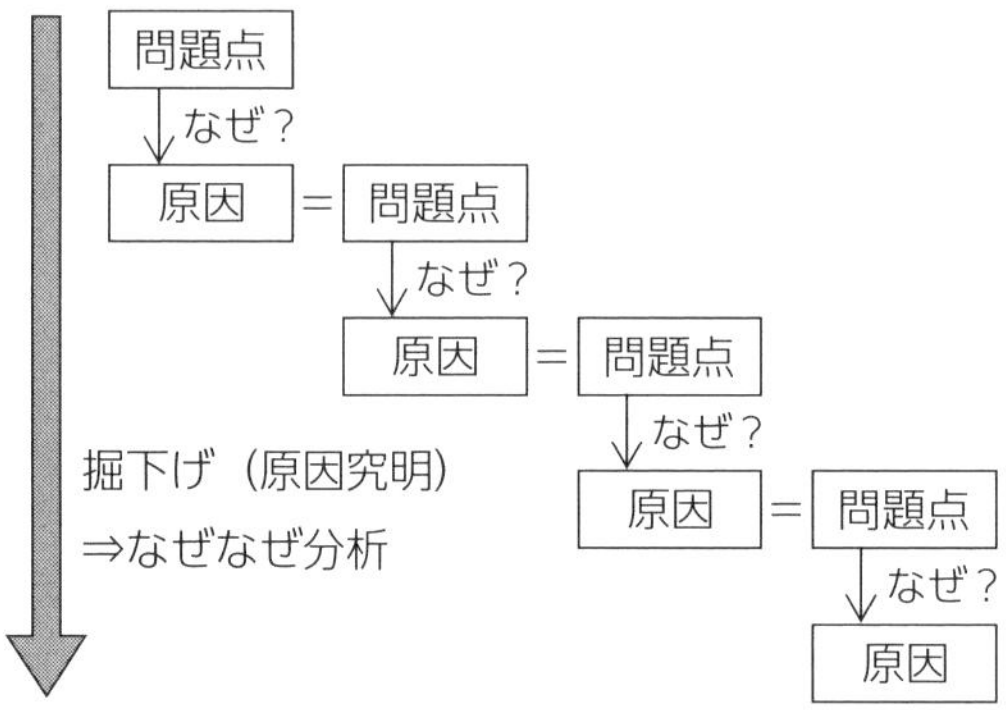

例えば「営業成績が悪化」の原因究明を何度も繰り返すと、結局は「営業マンを採用したのは社長の責任」や「営業教育を実施できていないのは社長の責任」という結論に達してしまいます。これでは課題解決にはつながりません。

ではどこまで掘り下げればいいかというと、「ゴールイメージが描けるまで」です。このゴールイメージは、課題解決思考の問題点・強み発見の次のステップです。

つまり、手順③の「原因究明、真の強み究明」は、なぜなぜ分析を使って手順④の「ゴールイメージ描写」まで掘り下げる、ということです。

このゴールイメージは、単なるゴールの状態のイメージではなく、「真の原因を改善した時のゴールイメージ」です。

例えば、前章で示した例で、「営業成績悪化」という問題点では、何が原因で悪化したのかがわからないので、対策について具体的な改善イメージができません。それは真の原因が特定できていないからです。単純に「営業成績が改善した」というゴールイメージでは「何を実施したのか」のイメージを描くことができないので、そうではなく、「真の原因を改善した時のゴールイメージ」が描けないのです。

また「営業のモチベーション低下」も、原因が未特定であるため、どうすれば営業のモチベーションが上がるのかがわからず、改善策を実施した時のゴールイメージが描けません。

一方で、さらに掘り下げた真の原因の「新製品の説明ができない」であれば、「営業が誰でも新製品の説明が詳細にできるツールがあればいい」というゴールイメージを描くことができます。

このようになぜなぜ分析では、具体的な対策のゴールイメージが描けるまで掘り下げていきます。逆にいうと、ゴールイメージが描けなければ、掘下げが足りないので、さらになぜなぜ分析で掘り下げる必要があるということです。

別の事例で説明します。

社長が「当社は営業力がない」と言い、それに対して「なぜ営業力がないのですか？」と理由を尋ねると、「新規開拓ができていない」「既存顧客がリピートしない」という答えが返ってきたとします。つまり「営業力がない」という問題点の原因は一つではなく、複数存在しているのです。

それぞれの原因について見てみると、各々のゴールイメージは描けません。そのため、さらに各々で原因を掘り下げていく必要があります。

具体的には、一つ目の「新規開拓ができていない」という原因は何かを社長に問うてみると、「社長が営業マンに新規開拓をやれと言ってもやらない」という解答でした。しかしこれでゴールイメージが描けないため、まだ掘下げ不足です。

さらに「なぜ営業マンは新規開拓をしないのですか？」と尋ねると、実は営業といっても実際の営業マンの活動は、モノを納品するだけだったのです。日々の営業活動は、本来の営業活動ではなく、単なる「納品」であり、営業マンは日々の納品活動で終日多忙であることが判明しました。

要するに顧客を日々訪問して面会しているのは、製品を受け取る受付のみで、製品を採用している技術担当、つまり「本来の顧客」には一切面談していませんでした。そのため、顧客情報はまったく取れておらず、今後の提案もできていなかったのです。

したがって、新規開拓営業ができない真の原因の一つは、「営業マンが納品活動で忙しくてできない」ということです。

営業マンが納品活動で多忙であれば、納品は付加価値を生まない活動なので、業者に任せる、そして営業マンは営業本来の活動を行う、というゴールイメージが描けます。

なお、営業マンが本来の営業活動を実施する際、新規開拓営業の手法がわからないのであれば、新規開拓営業のしくみを構築する必要があります。ただしこれは、次のステップである「具体策の構築」で実施すればいいのです。この「原因究明」のステップでは「真の原因を改善した時のゴールイメージ」が描けるまで掘り下げることができればＯＫです。

続けて次のステップの「具体策の構築」の行うには、例えば、納品は業者に任せて本来の営業活動を実施する場合、新規開拓の手法を構築し、どの会社の誰に面談して、どのような情報を収集するかを決めること、その上で日々の営業活動の内容を社長に上げて、フィードバックするしくみを作る、という具合に構築していきます。

二つ目の「既存顧客がリピートしない」という問題点の真の原因は、実際に製品を活用し、製品選定を行っている技術部門と面談していないため、囲い込みができていないことになります。

情報収集（現状把握）ができておらず使用状況が把握できていないため、もし改善点の要望があっても対応できず、顧客は不満を持ったまま使用し続けることになり、次に選定する際には候補に上がらず、競合他社の製品に切り替えてしまっている可能性があります。

また、面談しておらず信頼関係も築けていないため、選定の時にわざわざ顧客から連絡をしてくることもありません。

「既存顧客の囲い込みができていない」という真の原因のゴールイメージは、顧客との接触頻度を高めて信頼関係を構築して顧客を囲い込むことです。具体策については、面談、ネットや紙媒体での案内といった定期的なアプローチをするなどによって技術部門と接触し、情報を収集しながら信頼関係を構築すること、また製品を使用するにあたって改善や新たな要望などを収集し、対応することで、既存顧客の満足度を向上させることです。

このように、「原因究明、真の強み究明」のステップは、真の原因を究明するためにゴールイメージが描けるまで掘り下げることがポイントです。

なお、問題を発見した際の原因究明のためには「なぜ？」と問いかけますが、それ以外に、相手の情報に対してさらに詳細な情報が必要であったり、内容を確認したりする場合には、

【質問の問いかけ方法】

理由	質問の問いかけ
原因究明	• なぜ？
情報の詳細確認	• 具体的には？ • 例えば？

「具体的には？」「例えば？」などと問いかけるとよいでしょう。

その他、この「問題点・強みの発見」と「原因究明」の一連の流れで、問題点や強みを社長が認識している場合と、認識していない場合の二通りがあります。「問題点・強みの発見」の際に、社長が自社の問題を把握していれば、その問題点から原因を掘り下げればいいのですが、社長が問題を把握していない場合、社長の話を聞いて現状把握を行いながら問題点を発見する必要があります。

このことについて、イメージ図を使って説明します。

次頁に示す図は、左側は「問題点・強みを社長が認識」している場合のイメージ図、右側は「問題点・強みを社長が未認識」の場合のイメージ図です。

左側は、社長がすでに問題点・強みを認識しているため、ヒアリングではなぜなぜ分析の手法を使い、問題点ではその原因究明、強みではその真の強みの究明を行っていきます。

【社長の問題点・強みに対する認識・未認識によるヒアリング】

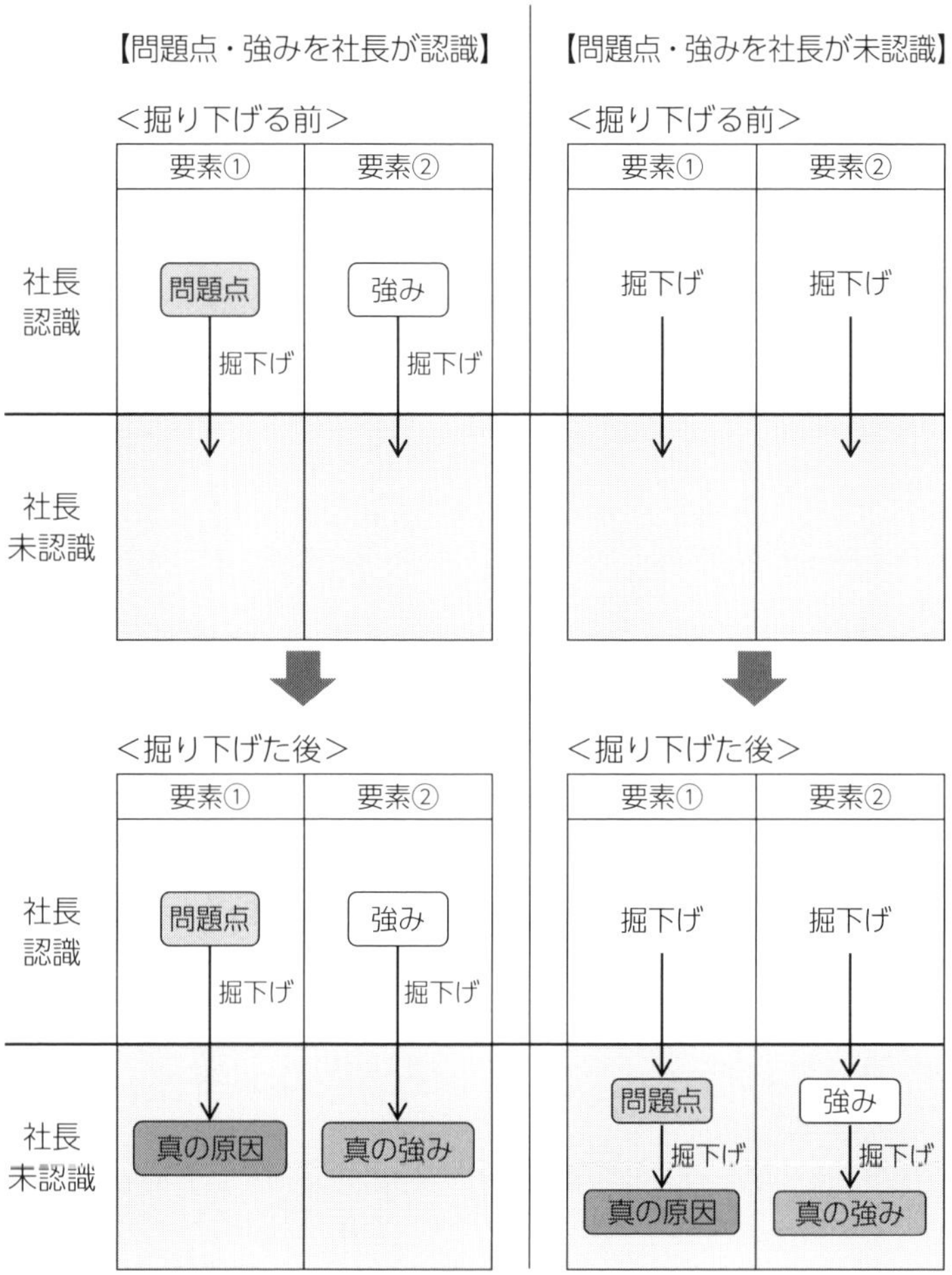

右側は、社長が問題点・強みを認識していない場合であるので、ヒアリングで現状把握をしながら問題点や強みを探っていき、それらを発見したら、さらに掘り下げて原因究明を行います。

実際の現場では、社長は、「営業力が弱い」など、大まかな問題点は把握していますが、より細かい問題点やその原因までは把握していないケースが多いです。これは、日常の業務に慣れてしまい、会社の中だけという視野が狭い状態に陥ってしまっていて、会社を俯瞰して見られていないことが大きな原因だと考えられます。人は誰でも他人のことはよく見えますが、自分のことは客観的に見られないものです。

その他、そもそも社長に問題意識がないこと、また社長自身が業務に忙しくて何が問題点なのかといったことを考える余裕がない、などの理由も考えられます。

なお、第２章の「思考に関する課題」で取り上げた中で、「考えが浅い」というのは、掘下げが足りず、真の原因を究明していないことが原因です。そして「思考を深める」とは、真の原因を究明して根拠を明確にすることです。

4. 原因究明による「洞察力」の習得

手順③の原因究明を行って問題点の真の原因を究明することによって、「洞察力」を身に付けることができます。

洞察力とは「見えないものを見る力」のことであり、大きく二つのパターンがあります。

一つ目は、将来を見通す力です。これは、主にベンチャー企業で規模拡大を目指す社長に必要なスキルといえます。

具体的には、現在の市場にはない、誰も実施していない分野をドメイン（事業領域）として会社を創業し、新たな市場を創り出すことです。

これには大きく二通りのアプローチがあります。①新たな技術で新市場を創り出す方法、②業界に精通した人間がその市場の課題を見出して、その課題を解決するための会社を立ち上げるという方法です。成功しているベンチャー企業を見ると、後者で成功をおさめている企業が多いようです。

二つ目は、問題点の真の原因を掘り下げる力です。これは、課題解決思考で問題点の真の原因を究明することで実現できます。

なぜこれが洞察力になるかというと、多くの人が問題点の原因究明を行っていないため、彼らには、真の原因を究明した状況が描けていないからです。

つまり、原因究明によって突き止めた真の原因の状況は、問題を掘り下げない人には描けておらず、真の原因は掘り下げた人だけが描けるものであるため、真の原因を究明した状況と、それを解決するための施策が描ける人は、他者には見えないものが描けているのです。

例えば、前章の例で「営業成績悪化」という問題点で「営業教育」と提案するコンサルタントには、真の原因である「新製品の説明ができない」という状況を描くことはできませんし、「１枚の営業ツールを作成する」という真の原因を改善する施策も描くことはできません。

このように、原因究明を行うことで、他者には見えていない状況を描くことができる洞察力を発揮できるのです。

こうした状況は、日常のビジネスの中で、原因究明できている人とできていない人との間で非常に問題になることがあります。

例えば、会議の中でクライアントの「営業成績悪化」という問題の対策について議論していたとします。しかし誰もその原因を究明しようとせず、営業成績を改善するアイデアレベルのブレインストーミングのような議論を始めてしまうのです。このような議論では合理的な議論が難しくなるため、役職の上の人間や、声の大きな人間のアイデアが採用になったりするのです。

繰り返し明記しているとおり、真の原因を究明してそこにメスを入れなければ課題は解決しません。そのためこれは完全に無駄な議論なのです。

もし会議の中で、真の原因である「新製品の説明ができない」という情報が共有できていれば、「誰でも新製品の特徴が説明できるツールを作成する」という方向性を描くことができ、「読むだけで、新製品の強み、顧客のベネフィットが伝わる営業ツールをどのように作成すればよいか」という議論に集中することができます。

その営業ツールのコンテンツの内容で、クライアントの顧客は注文するかどうか、引き合いになるかどうかが決まります。そのため、これが課題を解決するための本質的な議論なのです。

しかし、真の原因究明ができていなければ、真の原因もゴールイメージも描けず、本質的

【「洞察力」習得と「本質的議論」】

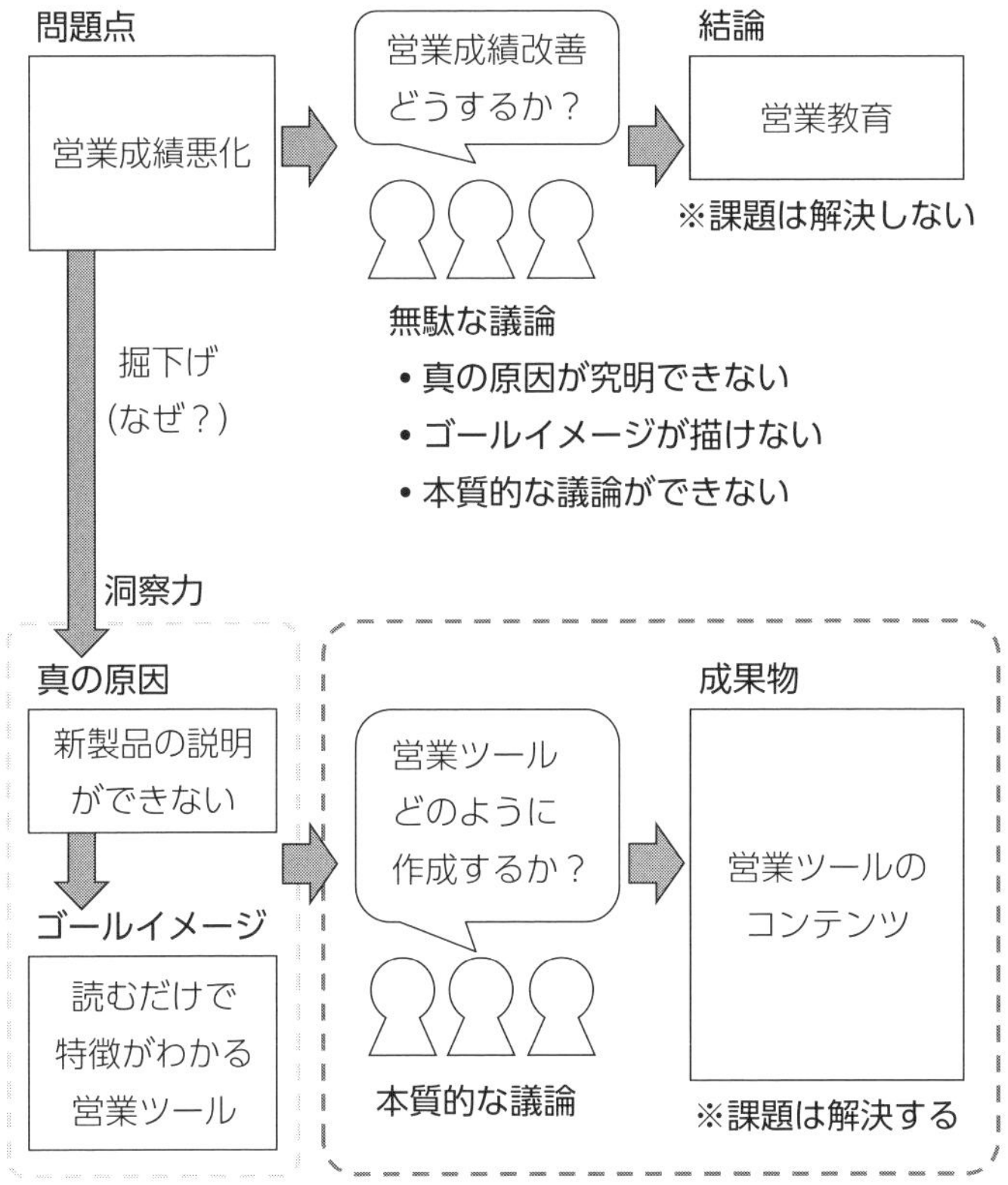

議論や課題を解決するための施策（成果物）にも到達できないのです。

この会議の中で、一人だけが真の原因を究明できていて「営業ツールの作成」を提案しても、他の出席者は真の原因を認知していないため、お互いの議論がかみ合わなくなってしまいます。

私もサラリーマン時代の会議の場、そしてコンサルタント同士の議論でも、このような場面に幾度となく遭遇しました。

議論の方向性がズレているとわかった中で議論を続けていても仕方がないので、一人で皆と異なる主張を続け、こちらが折れないと「頑固だねぇ」と呆れられてしまうこともしばしばありました。結局は、ほとんどのケースで、大きな発言力を持った者の意見に周囲が追従して決着しました。

課題解決思考はこのように、個人で思考する場合だけでなく、会議の中での議論など、周囲を巻き込んで実施することが必要になります。

5.「真の強み」の発見方法

強みについては、「営業力がある」「品質が高い」などの、ありきたりなものでは不十分であり、「なぜ営業力があるのか」「なぜ品質が高いのか」を掘り下げていき、差別化するための「真の強み」を把握することが重要です。

社長が自社の強みを把握していない場合が結構あります。そのため自社の強みについて質問しても、社長は「強みはない」と答えてしまいます。

実は、問題点を発見するより、強みを発見するほうが難易度は高くなります。なぜなら、昨今ではどの業界のどの製品でも競合他社が多く存在し、仕様や技術など「機能面」での差別化が難しくなっているからです。

しかし、社長が強みはないと感じている会社でも、細かく見ていくと必ず強みは存在します。社長が強みはないと感じるのは、優秀な同業者と比較して、それらの会社を上回っていなければ強みとはいえない、と思い込んでいるからです。

自社の強みを発見する際は、同業者より優れている必要はありません。いくら同業者のほうが優秀であったとしても、顧客はそれを認識しているとは限らないからです。

実際に中小企業の場合、自社の価値をしっかりと顧客に発信できていて、その価値が市場に浸透しているという会社は稀です。同業者がより優れたものを持っていたとしても、自社が自信を持っている要素があれば、十分強みになります。

強みの条件は大きく二つあり、①当社が自信を持っていること、②顧客のニーズにマッチしていることです。これら二つの条件をクリアしていれば、たとえ同業者より多少劣っていたとしても、自信を持って強みとして発信していけばよいのです。

なお、「強みがわからない」と主張する社長の会社から強みを抽出するためには、その会社の商品やサービスの機能を徹底的に分解して掘り下げていき、分解した各機能について詳細に情報収集することです。

例えば、製造業の強みを抽出する場合は、製造工程を分解し、各工程でどのような強みがあるのかを探るのです。例えば、受注生産の部品加工業であれば、①設計、②抜き加工、③曲げ加工、④溶接加工、⑤塗装、⑥組立、などです。

また、サービス業では、顧客との接点を明確にして、それぞれの接点で強みを探っていきます。例えば、①申込時、②来店時、③待ち時間、④サービス開始前の事前対応、⑤サービス提供時、⑥サービス提供後、⑦帰り際、⑧サービス外のアプローチ、などです。

このように、各企業の主要業務を分解することで、より詳細な強みを発見することができます。

一方、近年では、機能を絞って磨き上げたり、形状や色合いなどのデザイン、世界観などの「情緒面」で差別化する会社が増えており、実際にそれらを価値としてブランド力を向上させたりしている会社も多く存在します。同じレベルの機能であっても、情緒面で差別化を実現している会社は非常に多いのです。

「真の強み究明」の方法は、具体的には次のとおりです。

- 社長が自社の強みについて「営業力がある」と答えました。しかしこれでは、営業力があるという根拠がわかりません。

　↓

- そこで「なぜ？」と問いかけると、社長は「営業マンが多いから」と答えました。

　↓

・しかしこれも、営業活動の中身が不明確なため、営業マンが多いと営業力があるという根拠が不十分です。

↓

・さらに「なぜ?」と質問すると、社長は「地域専属の営業マンがいるから」と答えました。しかしこれでも根拠は不十分です。地域専属の営業マンがいて、彼らが何をしているのかがわからないからです。

↓

・そしてさらに「なぜ?」と尋ねると、社長は「顧客の個別の要望にきめ細かく対応できるから」と答えました。これは営業力があるという根拠になり得ますが、具体性に欠けます。

↓

・情報の詳細確認のため「具体的には?」と質問しました。そうすると社長は、「顧客一人ひとりの要望に対応しているため、顧客の満足度は向上し、リピートするようになった。そしてそれらのきめ細かい対応が口コミで広がり、新規顧客が自然に増えている」と答えました。

↓

- そのため真の強みは「地域専属の営業マンによる、個々の顧客の要望に応じたきめ細かい対応力」ということがわかりました。

このように、真の強みを究明するためには、会社の主要事業を分解して探っていくこと、機能面だけでなく情緒面も含めて見出すこと、そして真の強みまで掘り下げることが大切です。

【「真の強み究明」の事例】

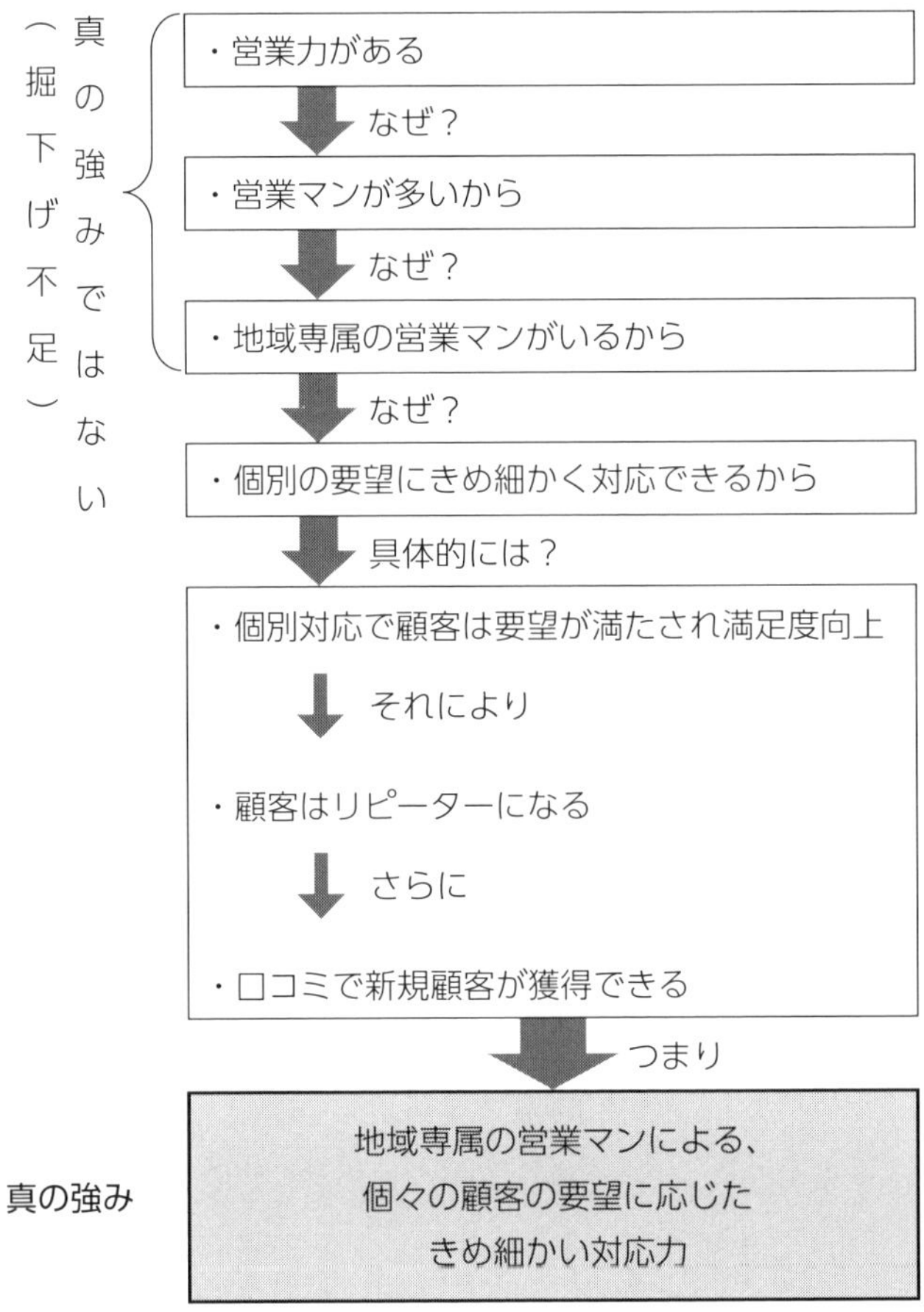
真の強みではない
（掘下げ不足）
・営業力がある
なぜ？
・営業マンが多いから
なぜ？
・地域専属の営業マンがいるから
なぜ？
・個別の要望にきめ細かく対応できるから
具体的には？
・個別対応で顧客は要望が満たされ満足度向上
それにより
・顧客はリピーターになる
さらに
・口コミで新規顧客が獲得できる
つまり
真の強み
地域専属の営業マンによる、
個々の顧客の要望に応じた
きめ細かい対応力

6. 課題解決思考の手順④：ゴールイメージ描写

次は「ゴールイメージ描写」についてです。

前述しましたが、ゴールイメージは、原因究明せずに単なる問題点が改善したゴールの状態のイメージではなく、「真の原因をピンポイントで改善した時のゴールイメージ」です。

例えば医者の例では、「お腹が痛い」という患者に対して、単に「お腹の痛みがなくなる」という状態のゴールではありません。その患者が検査の結果、胃潰瘍であることが判明した場合、腹痛の真の原因である胃潰瘍が完治したという、解決方法が伴うものです。

この「ゴールイメージ描写」というのは、頭の中で改善策のゴールイメージを描くということで、想像力が必要になりますが、前のステップの「原因究明」で真の原因まで掘り下げることができれば、このゴールイメージの描写は自然と描けるはずです。

課題を解決するためには、必ずゴールイメージが描けていなければいけません。ゴールが描けているから、方向性を間違えることなく、無駄な作業をせずに、ゴールに向かって効率的・効果的に作業ができるのです。

もしゴールが描けていなければ、どの方向に向かっていけばよいのかがわからず、目の前の作業だけに集中したり、異なった方向に向かって必要のない無駄な作業に取り組んだりすることにつながってしまいます。

そのため「ゴールイメージを描く」というのは、ビジネスマンにとって必須のスキルといえます。

例えば、ベテランの人は、必ず完成形のイメージが描けています。熟練者やその道のプロフェッショナルの人であれば、そのプロセスまで描けます。

ゴールが描けているから、方向性を間違うことがなく、効率的に高品質の成果物を完成させることができるのです。

一方で新人や初心者、素人の人は、経験値が低いため、ゴールが描けません。そのため、目の前の仕事だけや、自分ができる仕事に取り組むようになります。しかしゴールが描けていないので、その仕事が本当に正しいのかの判断がつきません。まったく異なる方向に向かって仕事をしている可能性もあるのです。

そのためビジネスの現場では、新人社員や未経験者に対しては、まずは上司やベテラン社

【ゴールイメージの描写】

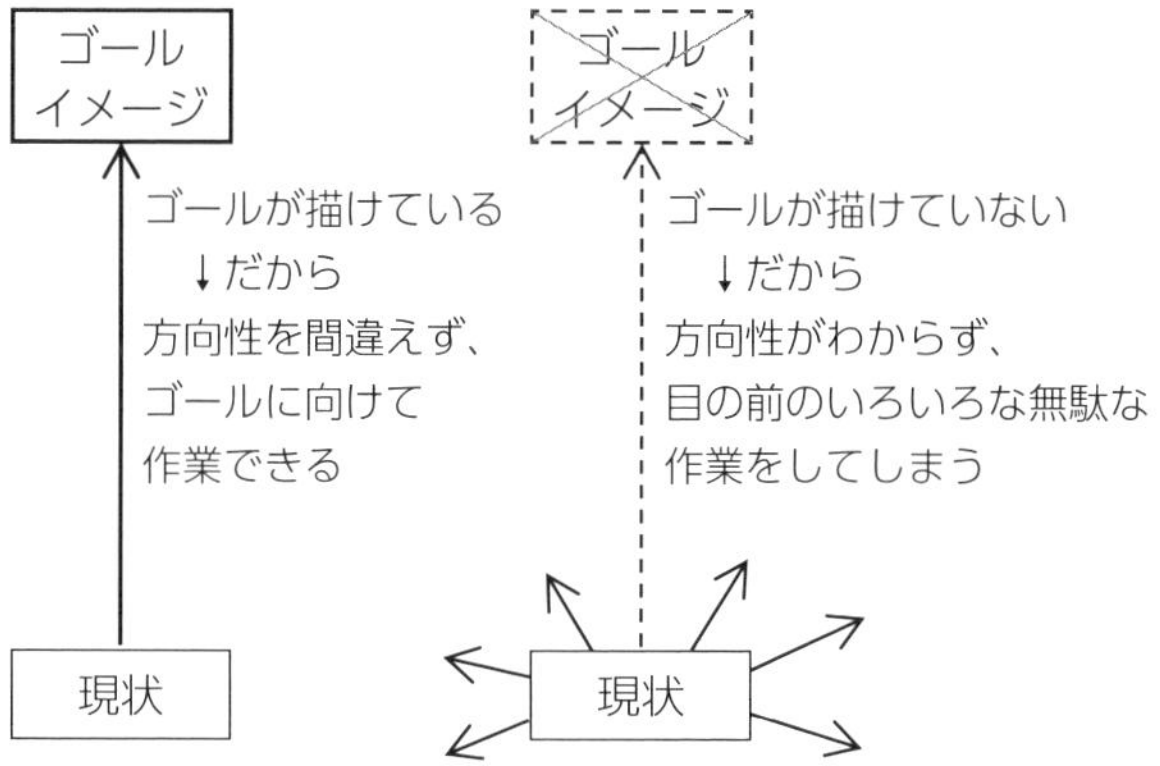

員がしっかりとゴールを示すことが大事です。その上でゴールに到達するまでのプロセスを示すのです。

これは企業経営でも同じことがいえます。社長がビジョンを示さなければ、社員はどの方向に向かっていけばいいのかがわかりません。一方で社長が明確なビジョンを掲げれば、社員は自身の方向性が描けるため、組織全体のベクトルを合わせることが可能となるのです。

それ以外にも、ゴールイメージの描写はさまざまな場面で有効です。

例えば、相手に伝わりやすい文章を書くコツの一つとして、いかに文章の内容を読み手にイメージさせることができるかを考えることです。

そのためには、まずは出来事の背景（事実）を明確にして、書き手の状況を正確に描写します。具体的には、誰と誰が、いつ、何をしているのか、といった事柄です。これにより、読み手は書き手と同じ状況をイメージすることができ、互いに状況を共有することができます。

さらに、その時どのような感情を持ったのかを明記します。これにより、事実だけでなく感情も共有することができるため、読み手に共感を与える文章が書けるのです。

また、アパレルショップで優秀な店員の接客は、買うか迷っている顧客に対し、その服をどこに着ていきたいか尋ね、顧客がその服を着ているイメージを描かせるようにします。人は、頭に描けると行動しやすくなる性質があるといわれます。そのため、その服を買おうか迷っている顧客は、店員の言う通りにその服を着て散歩したり、デートしたり、ショッピングしたりする場面を頭に描き、それによって購買欲求が高まって購買行動に移すのです。

その他、チラシや広告でも、文章だけのものよりも、写真やイラスト、図表でゴールイメージを掲載したほうが反応率は高まります。

その他、ある広告の反応率を見る実験で、①文章のみ、②イラストのみ、③文章とイラストの両方を記載、の三つで比較した場合、反応率は高い順で③→①→②とのことでした。

人間はものごとの全体を把握するのに主に右脳を使い、細部をじっくり見るのには主に左脳を使います。つまり、右脳で全体像をつかみ、左脳でディテールを確認することで、人間は行動しやすくなると考えられます。

そして②より①のほうが反応率が高いのは、これは別の論点になりますが、行動するためにはディテールの情報が必要になるからです。顧客が購買行動に移すには「納得感」が重要で、そのための詳細情報が必要であるということです。

この例は、相手にイメージさせるのではなく、実際にイメージが明記されている例ですが、要するに文章であろうが口頭であろうが、そして紙媒体であろうが、理解を促進させるためにはイメージで全体像を描かせることが重要だということです。

7. 課題解決思考の手順⑤：具体策構築

最後のステップは「具体策構築」です。

この手順は、前のステップで描いた「ゴールイメージ」を実現するための、具体的な施策になります。

前述のとおり、課題解決とは「目標と現状とのギャップを捉えて、そのギャップを埋めることで目標を達成する」ことです。最初のステップで現状把握をして、前のステップでゴールイメージを描いたので、具体策構築とは、このギャップを埋めるための施策になります。

具体策を構築するためには、さまざまな実践スキルやアイデアが必要になる場合が多いので、コンサルタントによる提案だけでなく、クライアントの社員を巻き込んで吟味することも一つの方法です。

この具体策は、前述の事例で示した「営業成績悪化を改善するために、すべての営業マンが読むだけで新製品の特徴が説明できる営業ツールを作成する」というような単一の課題で

【具体策の構築】

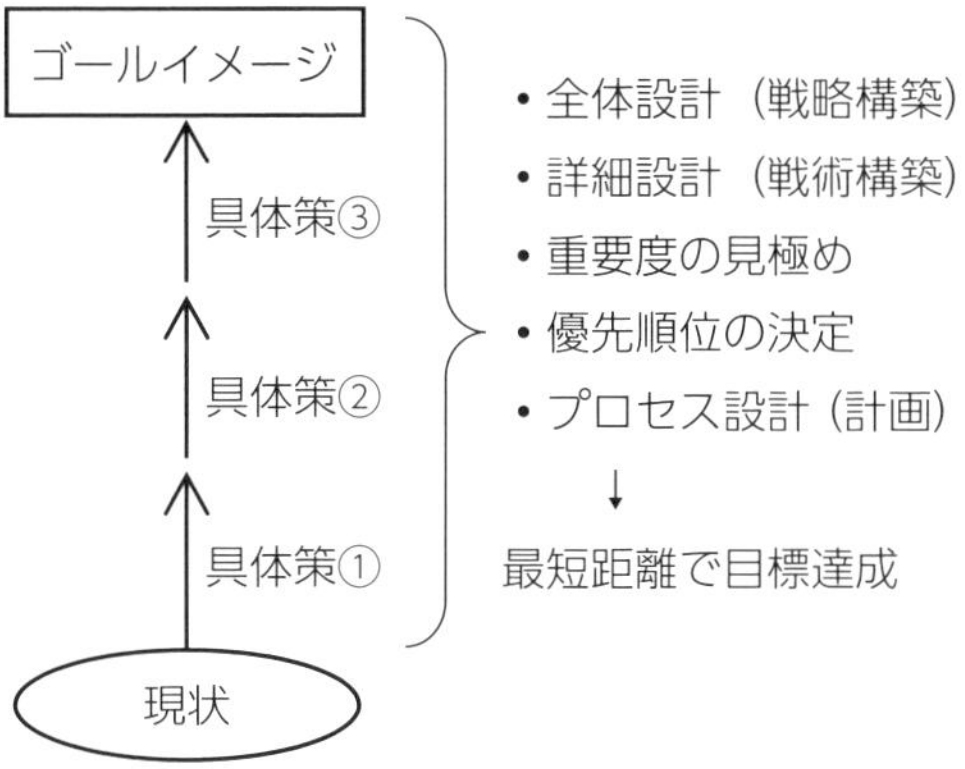

あれば、すぐに解決策に取り組むことができます。

ただし、経営改善といった大きなテーマでは、経営や組織、営業や製造など、さまざまな機能が課題解決の対象になり、各々の機能にも多くの課題が発生するケースが多いです。

つまり、課題解決の範囲が広ければ、解決するべき課題が多くなり、問題と原因の関係もより複雑になります。

例えば、営業に関する問題が発生していても、原因は営業にあるとは限りません。組織体制や経営・人事などが影響している場合も多くあります。具体的には、営業成績が悪化した要因が、「優秀な営業マンが管理職に昇格して現場の営業を行わなくなった」という人事面が原因であったり、「新規事業に注力するという経営戦略で既存事業の営業マンが減った」という経営面が原因の可能性もあるのです。

このような複雑な状況での課題解決は、「戦略的」「組織的」に行う必要があります。そのためには、まずは「全体設計」を行うことです。

具体的には、全体のゴールを描き、方向性を示すのです。これが「戦略」です。この戦略構築は、会社全体と、「組織」「製造」「営業」といった機能別に構築するとわかりやすくなります。戦略を構築した上で、具体的なアクションレベルの戦術を構築していきます。

具体的な戦術まで構築したら、施策の重要度を見極めます。すでにゴールと戦略・戦術を構築済みで、全体と詳細が明確になっているので、どの戦略や戦術の重要度が高いのかが判断できるようになります。その上で、その会社のヒト・モノ・カネといった経営資源を踏まえて施策の優先度を決めていきます。

例えば、資金繰りの厳しい状況であれば、まずは経費を削減する必要があるため、戦略としての重要度は高くなくても、優先順位はトップになります。

金型加工業の例で考えてみましょう。

極めて高い技術力を持ち、他社には真似ができない複雑かつ微細な加工が可能な会社があったとします。しかし、値付けを行う際の原価管理を実施していません。製造業の原価というのは、材料費以外に、労務費・外注費・経費が含まれますが、これらを原価に加えていなかったり不十分であったりするケースが非常に多く見受けられます。そのため、価格を決める際に、これらの経費の計上が不十分になり、実際より安価な原価で値付けをしてしまっているため、利益は過去数年にわたってトントンで収益が低迷している状態です。

また、営業も実施していないため、新規顧客からの注文が少なく、たまに既存顧客からの紹介がある程度です。ただし新規顧客は高い確率で、その後リピートしています。

このような会社の改善策としては、「原価管理を実施して正しい原価で値付けを行い、適正価格で利益率を高めて受注すること」が重要度の高い施策になり、利益に直結する施策のため優先順位も高くなります。

そのため、まずは既存の顧客からの注文で値上げを行い、売上と利益を向上させます。

続いての施策は新規開拓営業になりますが、いきなり新規開拓営業を実施するのは難易度が高く、ノウハウもないので、まずは既存顧客向けに紹介営業を実施することです。これは当社の売上と利益を向上させる施策であるため重要度は高いのですが、実績を作るまでには時間がかかるため、優先順位は中程度で、しくみを作って取り組んでいくことが望ましいといえます。

これらが終了すれば、最後は「プロセス設計」です。各々の施策を、誰が責任者で誰が実施するのか、いつからいつまで実施するのかをアクションプランとして見える化するのです。このアクションプランは、ガントチャートで整理するとわかりやすくなります。

なお、第2章の「思考に関する課題」で取り上げた中で、「頭が固い」というのは、この課題解決思考による提案ではなく、当てはめ思考に陥り自身の知識と経験だけで提案することが原因です。

【第4章】

ヒアリング7ルール

1. なぜコンサルティングのヒアリングが難しいのか？

本章では、課題解決型ヒアリングのノウハウである7ルールについて説明します。コンサルタントの中で、ヒアリングを苦手にしている人は非常に多くいます。その理由は、一般的なサラリーマンが行うヒアリングと比べ、コンサルタントのヒアリングは非常に難易度が高いからです。

例えば、会社勤めのサラリーマンから、コンサルティング会社に転職したり、コンサルタントとして独立した人の中には元の会社では営業職などで日常的に顧客からヒアリングを行っていた人が相当数存在します。しかし、コンサルタントになったとたん、ヒアリングが苦手になってしまうのです。

その理由として、第1章でお伝えした「ヒアリングではなくインタビュー」や「コーチングとの混同」があります。しかし、これだけではありません。

コンサルタントが実施すべきヒアリングと、それ以外のビジネスマンが行うヒアリングでは、さまざまな違いがあります。それは、コンサルティングという職種が他の職種と比べて特殊であり、その特殊性に起因して、顧客からのヒアリングの手法も大きく異なるのです。その違いを理解していないため、コンサルタントになってサラリーマン時代と同じ手法でヒアリングを実施してしまい、うまく情報収集できずにヒアリングが苦手になってしまうのです。

通常のビジネスとコンサルティングのヒアリングの違いを説明します。

まずは通常のビジネスでのヒアリングの特徴ですが、ヒアリングの内容は、自社製品などヒアリングする側の製品にほぼ限定されます。

そのため、ヒアリングの範囲が極めて狭く、質問事項も概ね決まっていて、質問項目も非常に少なくてすみます。また、問題点や強みについても、自社製品に関するものに限定されています。

このように元々知っている製品やサービスについて質問するわけですから、課題解決思考の、知らない情報を理解するという「現状把握」はそれほど必要ではありません。

また、自社製品について、使い勝手の悪さや改善点（問題点）、使いやすい点（強み）、新たに必要な機能（ニーズ）など、ピンポイントで確認できるため、質問事項は限られます。そのため、コンサルティングのように、膨大な情報から多くの質問事項によってさまざまな問題点や強みを抽出する必要もないため、課題解決思考の「問題点・強み発見」というステップも必要ないのです。

さらに、役割が分担されており、現場の情報を収集するのは営業マンの場合が多いのですが、営業マンは必要な情報を収集することが役割となります。そしてそれらの情報をどのように活用するか、あるいは対応するかは、技術部門や企画部門など別の部門の仕事になります。つまり、ヒアリングの場では情報収集に特化すればよく、課題解決思考の「原因究明」や「ゴールイメージ描写」といった思考をする必要がありません。

例えば営業では、自社製品について、顧客から、機能面や使い勝手の点で、良いところや改善が必要なところなどをピンポイントで確認すればよいだけです。それらの情報を既存製品の改善に役立てたり、新製品でバージョンアップさせたりすることを考えるのは、企画部や開発部の役割です。営業担当はそれらの情報を提供すればいいだけで、答えまで出すことは求められていません。

つまり、通常のビジネスのヒアリングの特徴は、単に情報収集するだけで、ヒアリングが自身の専門領域の範囲内であり、決まった質問をすることに注力できるのです。

このように、通常のビジネスで行うヒアリングは非常にシンプルなのです。

一方で、コンサルタントのヒアリングでは、ヒアリングの対象となる企業が、コンサルタント自身の知らない業種である場合も少なくありません。つまり、その業界では常識とされる知識でさえ持ち合わせていない場合もあり、その中でも高度な分析や提案を行うことが求められるのです。これがコンサルティングという職種の特殊性といえます。

また、ヒアリングの対象は会社全体に渡り、経営面や組織体制、会計や人事、営業や製造、店舗運営まで、非常に広範囲なので、情報量が極めて多くなります。

そして経営や組織といった各機能について、詳細な現状把握が必要になるため、質問事項も多くなります。そして各質問について現状把握を行い、その中から問題点や強みを抽出する必要があります。通常のビジネスのヒアリングと異なり、製品で足りない機能や使い勝手など、限られた項目で問題点や強みを聞き出すだけでは足りないのです。

さらに、抽出した問題点や強みといった課題について、原因究明や真の強みの究明を行い、今後の方向性を示すゴールイメージを描くという「思考」も、ヒアリングと同時に行わなければなりません。

【通常のビジネスのヒアリングの内容】
- 自身の製品（自身の専門）に限定
- ヒアリングの範囲が極めて狭い
- 質問事項が決まっており、項目が少ない
- 問題点や強みは自社製品に関するものに限定
- その場では情報収集に特化

↓つまり

【通常のビジネスのヒアリングの特徴】
- 自身の専門領域の範囲内で決まった質問をするだけなので、知らない情報を理解する「現状把握」が不要
- 既定の問題点や強みを質問して回答してもらうだけなので、膨大な情報から「問題点・強みの抽出」をする必要なし
- 「原因究明」「ゴールイメージ」を描く必要なし

【コンサルティングのヒアリングの特徴】
- 対象企業が知らない業種の場合も多い
- 範囲が広く、情報量が多い
- 各機能に関してさまざまな質問項目が必要で、項目数も多い（会社の全体像、各機能の詳細項目）
- 問題点や強みは会社によって異なるため、それらをヒアリングで探り出す必要がある
- ヒアリングをしながら課題解決思考を同時に実施する必要がある

このように、通常のビジネスとコンサルティングでは、ヒアリングの手法は大きく異なり、コンサルティングのヒアリングは極めて複雑だということがおわかりいただけたかと思います。

そしてコンサルタントが、コンサルティングのヒアリングの複雑さを理解しない中で、通常のビジネスと同様の手法でヒアリングを行っているという現状が、多くのコンサルタントがヒアリングを苦手とする大きな要因となっているのです。

コンサルタントのヒアリングでよく見かけるのが、相手の話す内容をパソコンで入力している姿です。タイピングのスピードが速いと一見スマートに見えますが、その実態は、相手の話す内容を打ち込む「作業」をしているだけの思考停止状態であるため、これでは「現状把握」さえもできていないのです。

次に、「わかるところだけに反応する」というケースも多くあります。

ヒアリングの相手は、その業界に精通している社長である場合が多いため、難しい専門用語を連発する人もいます。そうなると、ただ社長の話を長々と聞いているだけという状態になり、話の内容はさっぱり理解できません。

そのような中で、自身のわかる内容や用語が出てきたら強く反応して、それに関する情報だけ収集して満足してしまうのです。

特に、相手の話の中身が理解できないと、知っている（専門）用語や内容が出てきた時に反応したくなるのです。コンサルタントというのは自身を賢く見せなければならないという意識が強いため、「わからない」「知らない」ということを言えず、質問できないことも要因の一つにあるといえます。

続いて、ヒアリングの途中で、コンサルタント自身が自身の知識や経験談を長々と話し出すケースもあります。

これは経験が浅いコンサルタントによく見られるケースで、ヒアリングは「情報収集」が目的であることを認識せず、ただ相手に「賢く見られたい」「自分はいろいろな知識や経験がある」ということをアピールしたいという気持ちが強くなると起きると考えられます。

また、同じくヒアリングの途中で、相手に指導を始めたりするケースもよく見受けられます。これは経験の浅いコンサルタントのほか、研修講師がメインのコンサルタントにも多く見られます。研修講師はさまざまな机上の知識を有しているため、何か問題があれば「当てはめ思考」ですぐに自身の知識を使って指導を始めてしまうのです。

その他、断片的な情報を収集しただけで、根拠が不十分な中で方向性を決めつけ、提案を

【ヒアリングで陥りやすい問題点】

- 相手の話す内容をそのままメモする（パソコンに入力する）だけ
- わかるところだけに反応する
- 内容不理解、知らない用語が出てきても確認しない
- 「わからない」「知らない」と言えずわかったフリをする
- 話の「中身」ではなく「用語」に反応する
- ヒアリングの途中で自身の話を長々とする
- ヒアリングの途中で相手に指導を始める
- 情報収集や根拠が不十分な中で、方向性を決めつけてしまう
- ルールなくヒアリングする

してしまうケースもあります。

これは先ほどの「わかるところだけに反応する」と関係があるのですが、相手の話のすべてを理解できず、自身で理解できた箇所だけで提案するのです。

また、コンサルタント自身の得意分野だけに偏って現状把握を行い、その範囲内で提案をしてしまう場合もあります。例えば営業分野を専門とするコンサルタントが経営コンサルティングを実施しても、営業面に偏って現状把握をするということです。しかしながら、問題点の原因は外部にある場合があり、営業面の問題点の原因が経営面にある場合も少なくないため、解決することは難しくなります。

このように、ヒアリングに関する問題はさまざま存在しており、多くのコンサルタントがこのような状態に陥っているのが現状です。

これらすべての問題点の根本的な原因は、「課題解決型ヒアリングを実施していないこと」、そして「ルールがなくヒアリングすること」です。

コンサルティングのヒアリングは極めて難易度が高いことを認識せずに、通常のビジネスでのヒアリングと同じ要領で行っていることが、コンサルタントがヒアリングを苦手とする真の原因なのです。

2. 課題解決型ヒアリングの「ヒアリング7ルール」とは？

前項で、コンサルティングのヒアリングが通常のビジネスのものと大いに異なり、難易度が高いことがおわかりいただいたと思います。

高難易度のことを誰もが容易に実施できるようにするためには、手順が必要です。「思考」のところでも説明しましたが、料理やものづくりでも、難易度の高いことを素人でも高品質かつスピーディに実施するためには手順が必要です。これは思考でも同様であり、課題解決を誰でも効率的・効果的に実施するための手順が「課題解決思考」です。そしてコンサルティングのヒアリングが「課題解決型ヒアリング」であり、課題解決思考の手順通りにヒアリングを行います。

ただし、この手順はあくまで「思考」の手順であり、ヒアリングに特化した手順ではありません。文章を読んだり、何かを観察したり、会議などで議論をする場合でも、課題を解決するためであれば、この手順で思考するのです。

コンサルティングのヒアリングは、まったく知らない業種の企業の膨大な情報を、コンサルタント自ら短期間で詳細に収集し、分析しなければなりません。コンサルティングのヒアリングは難易度が高いため、ヒアリングに特化したルールが必要になります。

コンサルティングのヒアリングで注意すべき事柄を「ヒアリング7ルール」として整理しました。内容は以下のとおりで、次項から各々のルールについて説明していきます。

【ヒアリング7ルール】

① 聞き手主導
② ヒアリングシートの活用
③ 全体→細部の手順
④ 不明点等は即確認
⑤ 目的の即時切替え
⑥ 原因究明
⑦ 図表の活用

3. ヒアリング7ルール①：聞き手主導

最初のルールは「聞き手主導」です。聞き手であるコンサルタントが主導し、コンサルタントの質問に対して、一つひとつ丁寧に回答してもらうということです。

これは、質問事項を細かい項目に分解することで、相手の回答の範囲を限定させ、詳細な情報をより深く正確に収集できるようになるという効果があります。そのためには、次項で説明するルール②の「ヒアリングシート」が必要になりますが、これについては次項で説明します。

もし相手に一方的に話をしてもらうという、話し手主導型のインタビュー方式であれば、相手の話す内容の幅が広くなりすぎて、ピンポイントで情報を収集することが難しくなります。そして内容に「事実」以外のさまざまな情報が混在するケースが増え、別の項目に飛火してしまったりすることも多くなるため、純粋に「必要な項目」の「事実」だけを収集するのが困難になります。

例えば、経営に関する質問では、単に「経営状況について教えてください」と質問したとすると、経営に関する内容は幅広く、相手は経営の何について答えればよいのかがわからないため、相手は「経営」という言葉で思いついた内容か、あるいは自分が話したいことを話すようになります。そうなると正確な情報収集ができません。

また、事実ではなく将来の希望であったり、現在ではなく過去の話をしたり、経営の質問をしても組織の話や従業員個人の話になったり、自身の昔話や自慢話になるかもしれません。こうした玉石混交の情報を単にパソコンでひたすら入力したところで、正確な情報を収集することは困難です。

実際に多いのが、コンサルタントがインタビュー型のヒアリングを行い、ひたすらパソコンで相手の話を入力して、それを持ち帰って事務所で読み返して現状の理解に努めるというやり方です。

このような方法で収集した膨大な情報は、本来であれば、ここから事実だけを抜き出し、そこから問題点や強みを抜き出して、掘り下げなければなりません。そのためには追加で情報収集する必要がありますが、それを行わずに、収集した玉石混交の情報を整理して報告書を完成させているのです。

【ヒアリング7ルール①　聞き手主導】

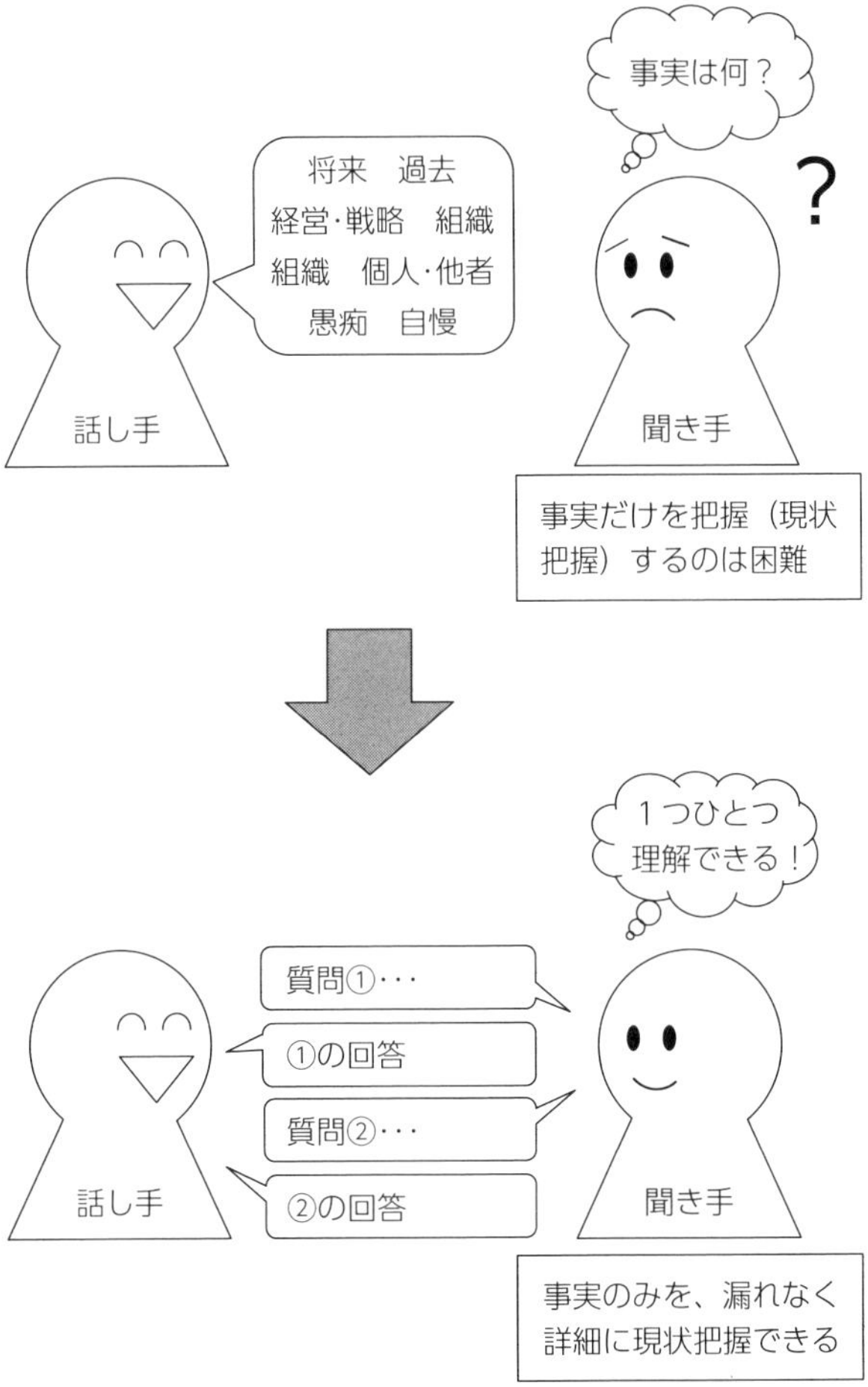

このような手法で報告書が作成されるため、現状把握は不十分で、問題点や強みの抽出もできておらず、原因究明も実施されていないため、具体策の提案は机上の一般論という中身の乏しい報告書になるのです。

ただしそれでも、情報はフレームワークの項目ごとに整理され、しっかりと製本されていれば、見た目はよくできているように見えてしまいます。

例えば、事業再生コンサルティングやM&A、提案型の経営コンサルティングでは、経営全体を調査して報告書を作成する「事業DD（ビジネスDD）」というコンサルティングを行います。この成果物は、事業の現状を明確にして問題点や強みを抽出し、改善のため施策を提案する「事業調査報告書」になります。しかし先ほどのような方法では、事業調査報告書の中身は極めて薄い、質の低いものになってしまいます。

特に多いのが、これは大手コンサルティング会社も含めての話ですが、報告書の内容は外部環境が中心になっていて、会社の中身である内部環境分析が極めて不十分なことです。しかしそれにも関わらず、大手コンサルティング会社になると、報酬は四、五百万円というケースもあるのです。

第1章で、コンサルタントを企業の医者と例えましたが、事業調査報告書というのは、医者でいえば検査の「診断書」です。身体のどこが、どの程度悪化しているのかが診断書を見るとわかります。事業調査報告書もそのレベルか、最低でもそれに近いレベルでなければ、調査を受ける企業側からすると、本来であれば納得できるものではないはずです。

もし、病院で検査を受けた結果の診断書が、自分の身体の中身ではなく、「あなたは五十歳を過ぎたので高血圧に気をつけてください」や「あなたのお住いの周辺は車が多く、大気が悪化しているので気をつけてください」のような、外部環境を中心に示されれば、受診者の怒りを買ってクレームになるはずです。

しかしコンサルティング業界では、このような質の低い報告書であっても、報告書作成の費用が何百万円とかかっても、クレームになることはほとんどありません。その理由は、コンサルティングの中身がブラックボックスであり、報告書の質を見極められる人が少ないからです。

4. ヒアリング7ルール②：ヒアリングシートの活用

二つ目のルールは「ヒアリングシートの活用」です。

ルール①のところで、コンサルタントがヒアリングではなくインタビューを行い、結局現状把握ができないという状況が多いとお伝えしました。これは、質問事項を事前に精査していないことが原因の一つといえます。

例えば、前述した通り、経営に関する情報を収集する際に、単に「経営状況について教えてください」と質問したとすると、経営に関する内容は幅広いため、相手は経営の何についてて答えればよいのかがわかりません。その結果、相手の話がそれてしまって正確な情報を聞き出すことが難しくなります。

経営に関する内容とは、「経営理念」「ビジョン」「社風」「社長のリーダーシップ」「経営戦略」「経営体制」「意思決定」「経営会議」など、さまざまな項目に分解できます。そして正確に詳細な現状把握を行うには、各々の項目について情報収集しなければなりません。

【ロジックツリーによる要素分解】

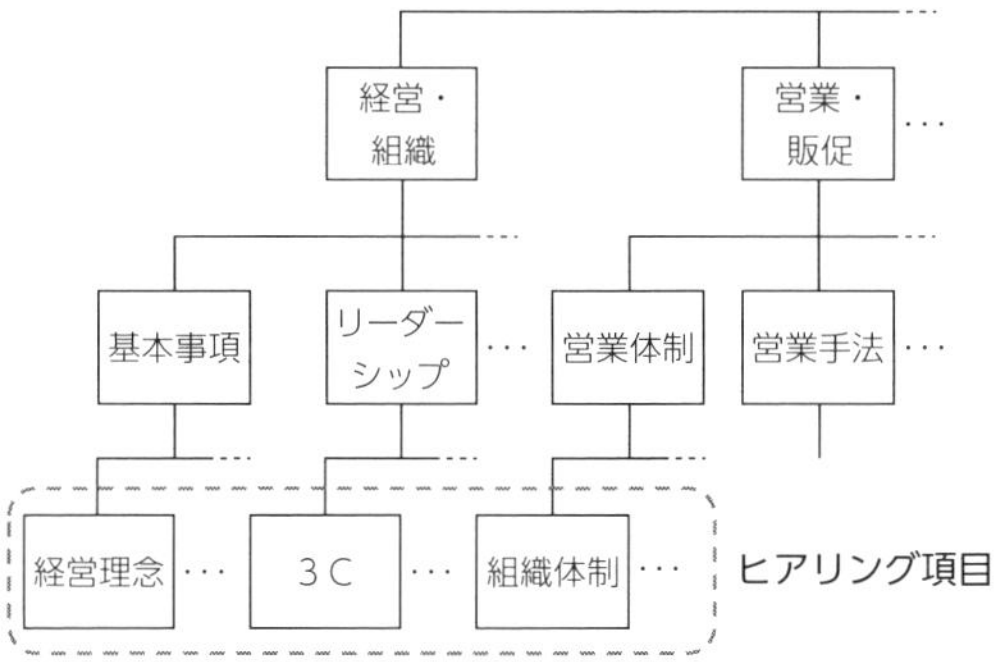

単に「経営」を一括りにして質問してしまうと、細かい現状把握が難しくなるのです。

そこで、こうした大項目を、ヒアリングを行う項目までに要素分解し、それを「ヒアリングシート」として整理します。

そして細かく分解した項目についてヒアリングを行えば、相手も、考えたり思い出したりする内容を絞り込むことができるようになるため、質問に対して正確な「事実」の情報を得られるようになります。

このヒアリングシートは、コンサルティングでは「経営・組織」や「営業・販促」「製造」といった大項目を「ロジックツリー」で要素分解して作成します。

例えば経営全般のコンサルティングのヒアリングシートでは、第一層として「経営・組織」「営業・販促」「製造」「小売」など、機能別に分解できます。これら機能

【ロジックツリーによる要素分解の限界】

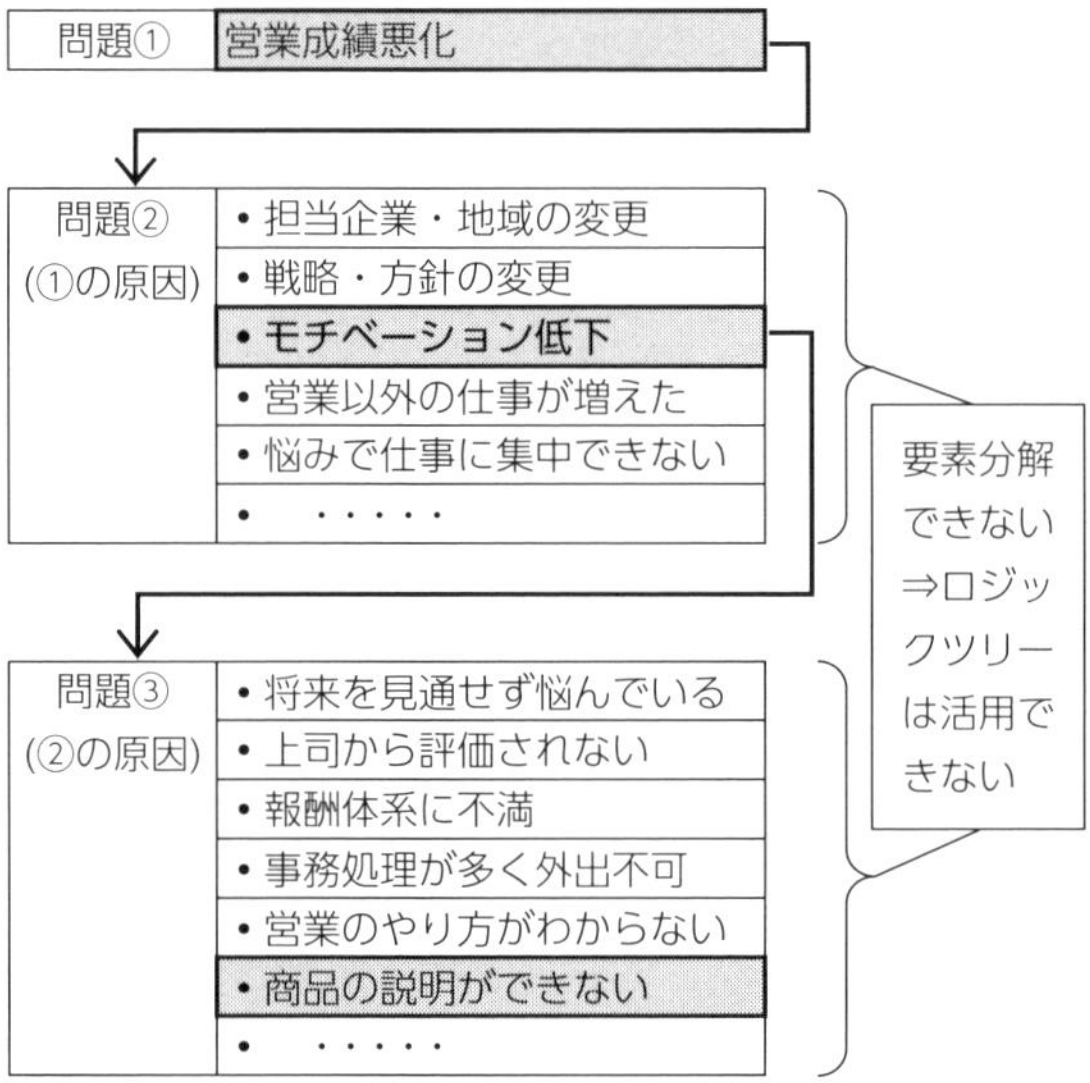

別に分析するのが、フレームワークである「バリューチェーン」です。

しかし機能別で分解するだけでは不十分なので、「経営・組織」を分解する第二層では、「経営の基本事項」「リーダーシップ」「戦略・経営体制」「収益管理」などに分解します。そしてさらに分解して、「基本事項」の第三層として「経営理念」「ミッション」「ビジョン」「これらの浸透活動」「社風」というように分解します。この第三層まで分解すれば、ピンポイントでヒアリングが可能なレベルの項目まで絞り込むことができます。

こうしてロジックツリーを活用して、

大項目から第二層、第三層というように、ピンポイントでヒアリングが可能なレベルまで掘り下げて、ヒアリングシートを作成します。

そしてヒアリングシートを活用すれば、全体を幅広く、また細かくヒアリングすることができ、全体像と詳細まで現状把握を行うことができるようになります。

ただし、ロジックツリーの使用方法については注意が必要で、さまざまなところでロジックツリーの誤った使用法が見受けられます。それは、ロジックツリーは、課題解決思考と同様に掘り下げていく手法を使いますが、問題点の原因究明にロジックツリーを使用してしまうケースです。

ロジックツリーとは「ある事柄に対して問題や原因など、事柄を構成している要素をツリー状に書き出すことで、解決法を導き出すフレームワーク」と定義されており、ロジカルシンキングの一つの手法として広く知られています。

しかし実際には、ロジックツリーで原因究明まで掘り下げるのは困難です。なぜなら、問題点の原因は個々の状況によってさまざまで、掘り下げる要素が極めて多岐にわたるため、すべてあぶり出すことは難しいからです。

例えば「営業成績悪化」という問題点について原因を整理しようとすれば、その原因は、

【ロジックツリーと課題解決思考の区分け】

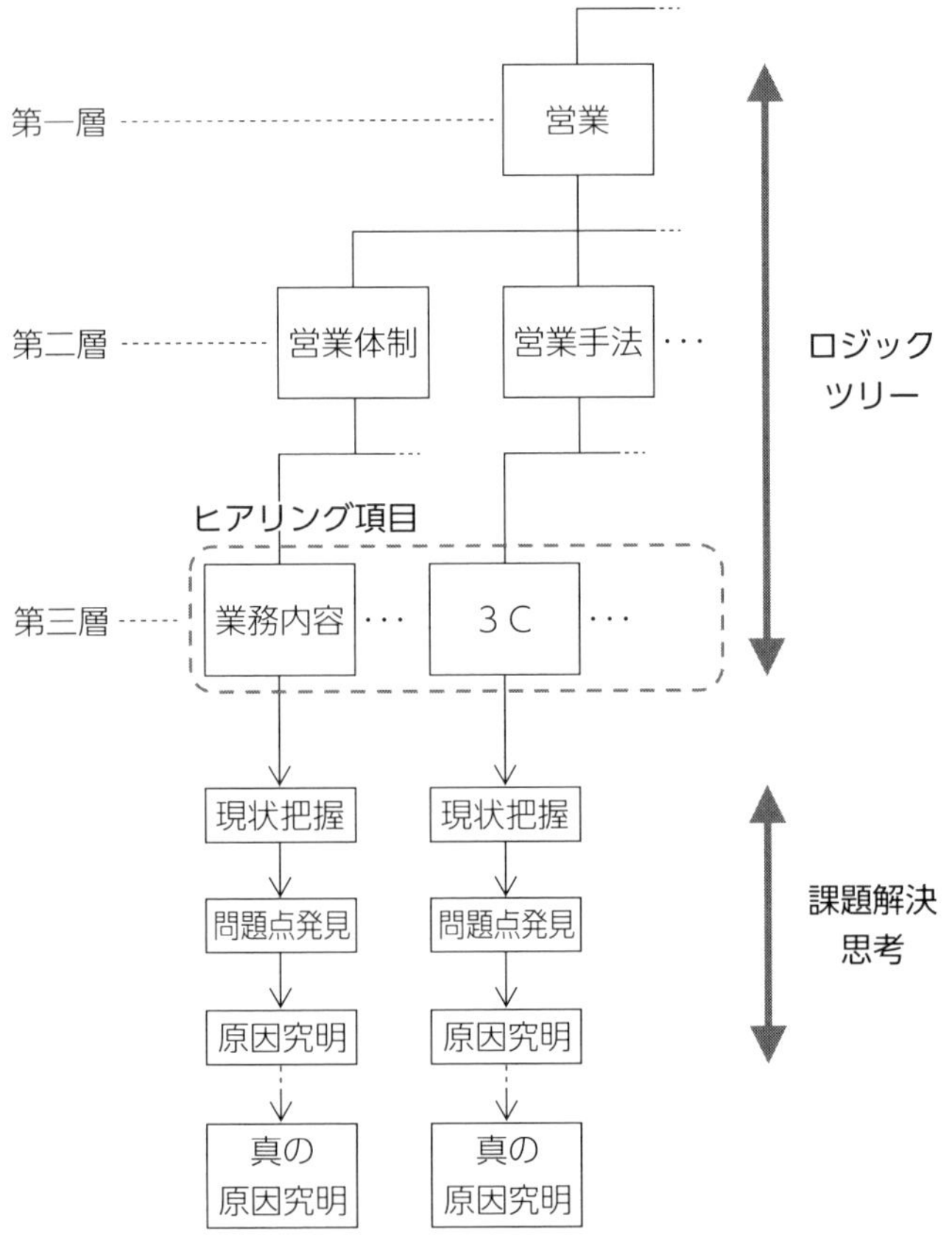

成績優秀な人材が担当企業や地域に異動になったことかもしれませんし、戦略や方針の変更によるものかもしれません。また、何らかの原因で営業マンのモチベーションが低下したのかもしれませんし、会社の都合で純粋な営業活動以外の事務作業が増えて外出できなくなったかもしれません。あるいは、営業マンが個人的な悩みを抱えて仕事に集中できなくなったのかもしれません。

このように、一般的には原因究明にロジックツリーを活用すればいいといわれますが、実際には、改善策を構築するための「真の原因」の可能性は、各々の状況によって多岐にわたるため、その究明はロジックツリーであぶり出すことは難しいのです。

そこで、ロジックツリーではヒアリング項目の抽出まで掘り下げて分解し、それ以降は課題解決思考で掘り下げて真の原因究明に取り組むことが望ましいといえます。

こうしてロジックツリーでヒアリング項目を決定し、課題解決思考でヒアリングを行う、というように、うまく使い分けることで、膨大で煩雑な情報を、スピーディかつ高品質に情報収集、分析ができるようになります。

次頁に、事業調査報告書のヒアリングシートの一部を掲載します。なお、このヒアリングシートは、本書の読者限定特典の「事業調査報告書のヒアリングシート兼フォーマット」を一部抜粋したものなので、全体の内容はダウンロードして参考にしてみてください。

【ヒアリングシート（抜粋）】

内部環境分析

1．経営・組織活動の現状

（1）経営の基本事項	
	ビジネスモデル
	経営理念
	ミッション
	ビジョン
	ブランド・アイデンティティ（BI）
	上記の社内への浸透
	社風
（2）リーダーシップ	
	社長のタイプ
	３Ｃ
	業績把握力
	中長期的視野
	戦略・戦術構築力
	判断力・決断力
	組織統率力
	しくみ構築力
	モチベーション・行動力
	社員との関係、求心力
	スキル、人脈
	経営への注力度
（3）戦略・戦術と経営体制	
	戦略
	戦術
	経営体制・経営幹部
	意思決定
	事業承継
（4）収益管理	
	会計処理
	決算書・試算表
	事業計画
	資金繰り表

5. ヒアリング7ルール③：全体→細部の手順

三つ目のルールは「全体→細部の手順」でヒアリングを行うことです。

ヒアリングで重要なことは、課題解決思考の最初のステップである「現状把握」であり、まずは相手の企業の状況について正確に理解することが大切です。この「理解」するために効率的な方法が、最初に全体像を把握することです。

これはヒアリングに限ったことではありません。どのような場合でも、まずは全体像を把握してから詳細な内容を把握する手順が、理解しやすい方法になります。

資格のテキストや書籍でも、最初の章で全体像を示してから詳細な内容を記載する構成になっています。

ここで、事業調査報告書の事例で説明していきます。

まずは大項目として「会社の基本情報」があり、この中項目の一つに「会社概要」があり、

【ヒアリング7ルール③　全体→細部の手順】

全体
↓
細部

大項目	中項目	小項目
会社の基本情報	会社概要	• 会社名
		• 所在地
		• 設立年月
		• 社員数
		：
	株主構成	
	組織概要	• 役員構成
		• 組織図
	事業概要	• 沿革
		• 事業構造（俯瞰図）
経営・組織	経営の基本事項	• ビジネスモデル
		• 経営理念
		• ミッション
		：
	リーダーシップ	：
	戦略・戦術	：
	：	：
営業・販促	：	：
製造	：	：

会社概要の小項目として「会社名」「代表者」「所在地」「設立年月」「資本金」「社員数」「事業内容」などがあり、これらを把握します。

会社の基本情報という大項目の次の中項目は「株主構成」で、各株主と保有株式、持株比率などを把握します。なおこれらの情報は、ヒアリングを行う前に、ホームページや、事前に取り寄せた各種資料で収集することができるので、事前に確認しておきましょう。

続いての中項目は「組織概要」で、「役員構成」「組織図」があります。これらも事前に会社側から取り寄せることができれば準備しておきます。

さらに次の中項目は「事業概要」となり、小項目にて「沿革」や「事業構造」と続きます。

ここまではヒアリングの事前確認で収集できる情報ですが、次から本格的なヒアリングに入ります。

最初に本格的に収集する情報は、この「事業構造」であり、これは「ビジネスモデル俯瞰図」となります。

ビジネスモデル俯瞰図とは、どの企業から何を仕入れて、自社で何を行って、誰に何を販売しているかの「事業フロー」のことで、これらを図式化して作成します。

こうして会社概要、組織図と組織体制、そしてこのビジネスモデル俯瞰図で、事業の全体像を概ね把握することができます。

これらを把握した後に、細部の情報として、経営・組織、営業・販促、製造、店舗など、各機能についてヒアリングで確認します。

このように、ヒアリングでは、まずは全体像を把握し、その後に細部を確認することで、会社全体のイメージを描きながら細部を確認することができるため、理解しやすくなります。

こちらでは事業ＤＤで使用するフォーマットを例にしましたが、トラブル対応やマーケティングなど、目的に応じてヒアリングシートを作成してください。

6. ヒアリング7ルール④：不明点は即確認

四つ目のルールは「不明点は即確認」です。

第1章の「7. その他のヒアリングのさまざまな問題点」のところで、コンサルタントは相手の話す内容が理解できなくても、その場で「わからない」と言えず、わかったフリをしてしまうことがよくあります。そして「わからないことは後で調べればいい」と考えて、そのまま質問せずにヒアリングを続けてしまうのです。

しかし実際には、レベルの高いコンサルタントほど、自身のスキルに自信を持っているため変なプライドはなく、知らないことは素直に質問できるものです。

ヒアリングの途中で内容が理解できなかったり、知らない専門用語が出てきたりすると、それ以降は思考停止に陥ってしまい、その項目の話を正確に理解することができなくなります。そうなると、その項目に関する現状把握が不十分となり、もしその項目の中に重大な問題点や強みが隠れていても、それらを抽出することができず、改善策の提案もできなくなり

【ヒアリング7ルール④　不明点は即確認】

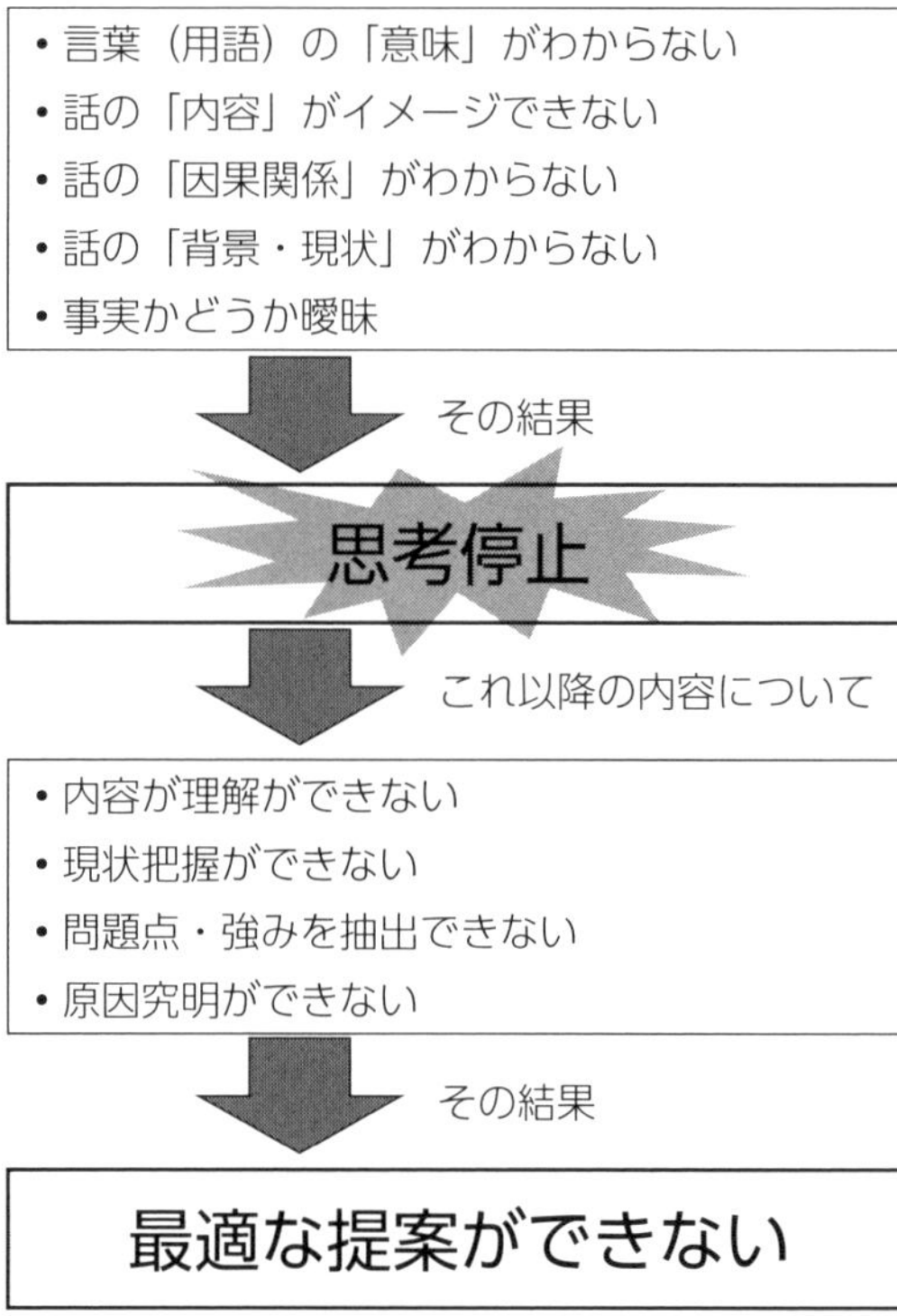
・言葉（用語）の「意味」がわからない
・話の「内容」がイメージできない
・話の「因果関係」がわからない
・話の「背景・現状」がわからない
・事実かどうか曖昧
その結果
思考停止
これ以降の内容について
・内容が理解ができない
・現状把握ができない
・問題点・強みを抽出できない
・原因究明ができない
その結果
最適な提案ができない

ます。

ヒアリングで重要なポイントは、その場でしっかり理解することです。一つひとつの項目を確実に理解して、次の項目に進むこと、このプロセスを迅速に繰り返すことが、短時間で膨大な情報を正確に把握するコツになります。「後で調べよう」と考えてしまうと、重要な問題点や強みの情報を収集しそこなってしまいます。

そのため、もし内容が理解できなかったり、知らない専門用語などが出てきたりすれば、即質問して確認することが大切です。

質問ができないその他の理由として、「相手の話を途中で遮ることが忍びなくてできない」と考えている人もいます。その気持ちはわかりますが、それでは「相手に最適な提案」という目的が達成することができず、かえって相手に迷惑をかけることになります。

慣れれば難しいことはないので、最初は勇気を持って、相手の話を遮ることを恐れず、わからないことがあれば質問することを心掛けましょう。

7. ヒアリング7ルール⑤：目的の即時切替え

五つ目のルールは「目的の即時切替え」です。

第1章の「7．その他のヒアリングのさまざまな問題点」のところで「目的なくヒアリングをする」とお伝えしましたが、課題解決型ヒアリングでは、常に目的を持ってヒアリングをすることが大切であり、また状況に合わせて目的を即時に切り替えることが重要になります。

例えば、ヒアリングを始めて最初の目的となるのが「現状把握」です。コンサルタントが会社の状況を理解しなければならないため、まずはコンサルタントが理解に努めなければなりません。加えて、現状把握と合わせて、問題点と強みは何かを探らなければなりません。

つまり、ヒアリングの初めの目的は「現状把握」と「問題点・強みの発見」の双方であり、これら双方の目的を持ってヒアリングを行います。

次に、相手の話の言葉や内容が理解できない場合、即座に目的を「不明点確認」に切り替

【ヒアリング７ルール⑤　目的の即時切替え】

ヒアリングの状態	目的（当初）	目的（切替え後）
質問に対する相手からの回答	現状把握 問題点・強み発見	
↓ 言葉や内容が理解できない	現状把握 問題点・強み発見	→ 不明点確認
↓ 問題点発見	現状把握 問題点・強み発見	→ 原因究明（掘下げ）
↓ 強み発見	現状把握 問題点・強み発見	→ 真の強み究明（掘下げ）
↓ 理解したか確認したい	現状把握 問題点・強み発見	→ 内容の確認

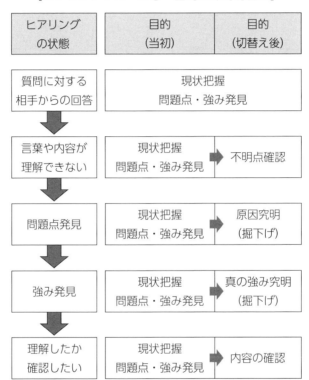

えて、相手の話を途中で遮ってでも確認します。

続いて、現状把握をしながら、問題点を発見したとします。例えば、社長が「当社は営業力がない」「社員が自分で考えて行動しない」「納期が遅れる」「在庫が多い」などマイナス面の発言をし、そのことについてしっかりと反応できれば「問題点発見」という目的が果たされたので、そこですかさず「現状把握、問題点・強み発見」から「原因究明」に目的を切り替えて、なぜなぜ分析で問題点を掘り下げていきます。

また、現状把握をしながら、強みを発見したとします。例えば、社長が「うちは営業が強い」「社員が積極的に提案する」「短納期で対応できる」などプラス面の発言をして、それをしっかりキャッチできれば「強み発見」を達したことになります。そこですぐに「現状把握、問題点・強み発見」から「真の強み究明」の目的に切り替えて、真の強みを究明するために掘り下げていきます。

このように、問題点や強みが見つかれば、すぐに目的を「原因究明・真の強み究明」に切り替えて、ゴールイメージが描けるまで掘り下げていくのです。

最後に、相手の話す内容が理解できたか確認したい場合は、目的を「現状把握、問題点・強み発見」から「内容の確認」に切り替えて、社長の話を自身の言葉に置き換えて話をして正しいかどうかを確認します。これはヒアリングではなく、聞き手のコンサルタントが話す側になります。

このように、常に目的を持ち、状況に応じて機動的に目的を切り替えていくことで、スムーズにヒアリングができます。

この「目的の即時切替え」は、慣れれば特に意識しなくても自然とできるようになります。ポイントは、問題点や強みをスルーしないことであり、ここを押さえておけば、うまく目的を切り替えられるようになります。

8. ヒアリング7ルール⑥：原因究明（問題点・強みの掘下げ）

六つ目のルールは「原因究明」です。これは課題解決思考の「原因究明」と同じであり、課題解決型ヒアリングの7ルールの一つとしても取り上げます。

繰り返しになりますが、「原因究明」とは、ヒアリングで発見した問題点や強みを掘り下げて、問題の原因究明や真の強みを究明することです。そして問題点が明らかになっている場合は「なぜなぜ分析」で、「なぜ？」と問いかけて掘り下げていきます。

その他、相手の回答が曖昧であったり、情報が不十分であったり、十分に理解できない場合は、前述した「具体的には？」「例えば？」という言葉を使って補いながら、問題点や強みを探っていきます。

なお、掘下げは、こちらも既述したとおり、何回掘り下げるかという回数ではなく「ゴールイメージが描けるまで」です。

9. ヒアリング7ルール⑦：図表の活用

最後の七つ目のルールは「図表の活用」です。

ヒアリングでは、ただ言葉を文章としてメモするだけでは理解することが難しい情報もあります。そのような場合は、図表やイメージ図（イラスト）などを使ってメモをすることが必要になります。

例えば「ビジネスモデル俯瞰図」です。

ビジネスモデル俯瞰図とは、どの企業から何を仕入れて、自社で何を行って、誰に何を販売しているかを示した「事業フロー」であり、会社の全体像の把握のために非常に重要な図になります。

ヒアリングの時に俯瞰図の内容を文章でメモしても理解することは難しいですし、報告書に文章で記載しても正確に伝わりません。そのため、ヒアリングでメモをする際も図で記載し、報告書に記載する際も図で表現することが大切です。

【ヒアリング７ルール⑦　図表の活用（ビジネスモデル俯瞰図）】

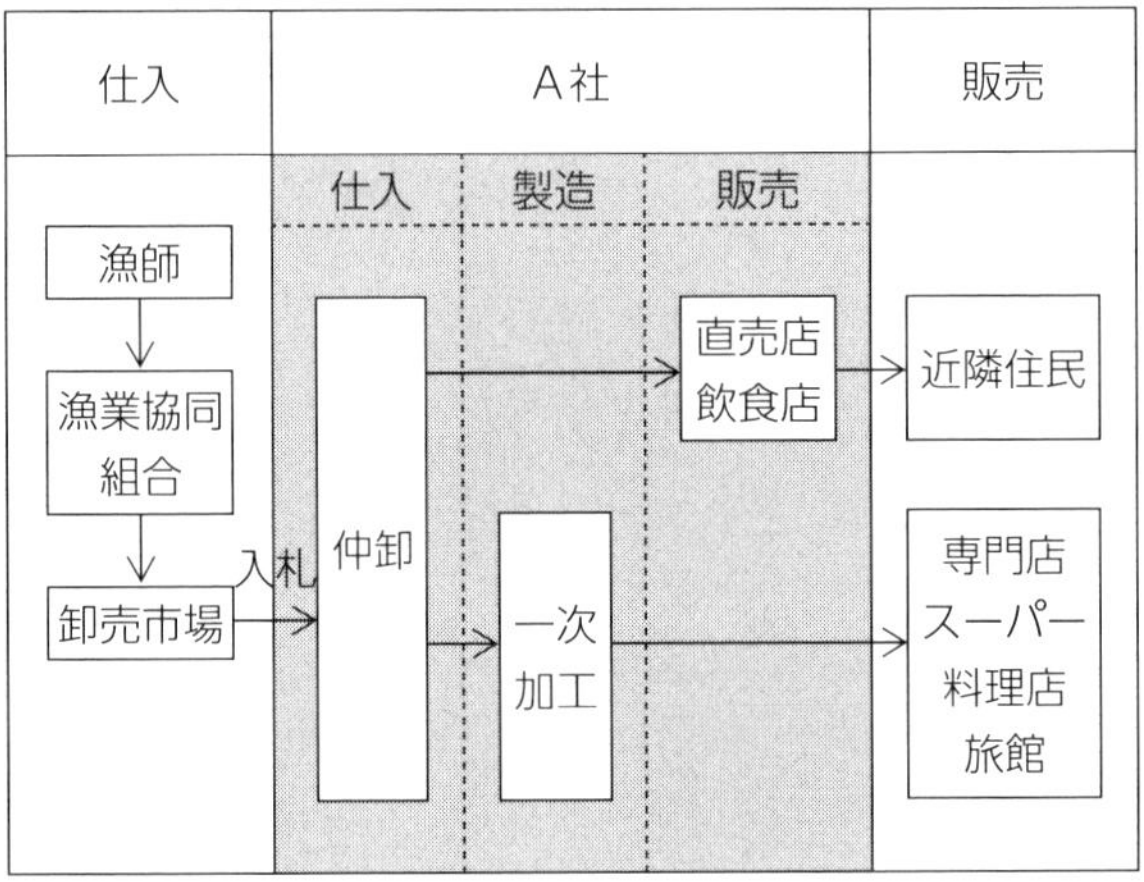

ビジネスモデル俯瞰図の事例を示して説明していきます。

上図に示したビジネスモデル俯瞰図は、魚介類加工業のＡ社のものです。

まずは仕入ですが、漁師が魚介類を海から捕って、それを、漁業協同組合を経由して地域の卸売市場に卸します。

次に対象企業であるＡ社についてですが、Ａ社は仲卸・製造・販売の三つの機能を保有しています。まずは仲卸として卸売市場から入札で必要な魚介類を仕入れます。そのままＡ社経営の直売店や飲食店で、近隣住民に販売しています。これはＢｔｏＣの機能です。

また、Ａ社で一次加工を行って、近隣の専門店やスーパー、料理店や旅館などに販売しています。こちらはＢｔｏＢです。

このように、どこから何を仕入れて、自社で何を行って、どこに何を販売しているかを示す「事業フロー」をメモで図式化し、報告書でも図式として整理することで、会社の事業活動の全体像をわかりやすく示すことができます。

文章を読んだだけでは事業のイメージが描きづらいのですが、この俯瞰図を見ながらフローの詳細説明を読むと、理解しやすくなります。このように、煩雑な情報は図表で表し、文章で詳細や補足の説明をすることで、報告書などの成果物が読みやすくなります。

続いて、業務フローの図について説明します。

先ほどのビジネスモデル俯瞰図は、事業全体の流れを示す「事業フロー」ですが、こちらは内部の業務の流れを示す「業務フロー」です。この業務フローの中にさまざまな問題点や強みが隠れているケースが多いのですが、部門間や外注先とのさまざまな情報や資料のやりとりが複雑で、それらをヒアリングで正確に現状把握を行いながらメモをすることは非常に難しいです。

そこで、誰でも簡単に、ヒアリングをしながら描けるように、私が開発したオリジナルフロー図を紹介します。こちらで作成すると、効率的にフロー図を描くことができます。

オリジナルフロー図は、次のような特徴があります。

【オリジナルフロー図の特徴】

- 業務の全体の流れが一目でわかる
- 各部門の作業内容が一目でわかる
- 各部門間の具体的なやりとりが一目でわかる
- 業務の全体像から詳細の業務内容まで容易にイメージできる

【オリジナルフロー図の各パーツの特徴】

- 登場する部門ごとに枠があるため、各部門でどのような業務を行っているかを一目で把握できる
- 上から下に向かって順番に業務が流れるため、上から見ていくだけで、全体の業務内容と、各々の業務の流れの双方が一度に把握できる
- 部門間・外部との具体的なやりとりを矢印で示しているため、部門間・外部とのやりとりの内容が具体的に把握できる

・矢印の上部のコメントは情報伝達の「媒体」、下部のコメントは情報の「内容」を示しており、実際のやりとりがイメージできる
・作業内容を「□（四角）」で囲み、各部門の各工程でどのような作業をしているかが把握できる
・作成物を「回（二重四角）」で囲み、各部門の各工程でどのような書類を作成しているかが把握できる
・図の左端に「問題点・強み」を明記する欄があるため、どの工程のどの作業でどのような問題点や強みがあるのかが見える化できる

これらのオリジナルフロー図の特徴を踏まえ、実際の事例を見ながら説明していきます。

【オリジナルフロー図の説明】

それでは、このオリジナルフロー図を、次に示す「業務フロー図」で見ていきます。

●見積工程

〈業務フロー図〉

①　顧客から電話あるいはメールで見積依頼を受ける

②　営業部で見積を作成する
③　営業部から顧客へ、メールで見積書を提出
④　顧客からメールで発注の連絡が入る
⑤　営業部にて「受注簿」に受注内容を記載し、受注番号を取得
〈業務の問題点〉
・受注内容は営業部個人が各々保有しており、一元管理されていない
・注文書が届く前に、口頭内示で作業を開始するケースがあり、受注取消で請求できないケースあり

●図面設計工程
⑥　営業部が設計部に口頭で作図を依頼
⑦　営業部と設計部で、作図に関する打ち合わせを実施
⑧　設計部が図面を作成
⑨　営業部が顧客にメールで完成した図面を送付し、チェックを依頼
〈業務の問題点〉

【ヒアリング7ルール⑦　図表の活用（業務フロー図）】

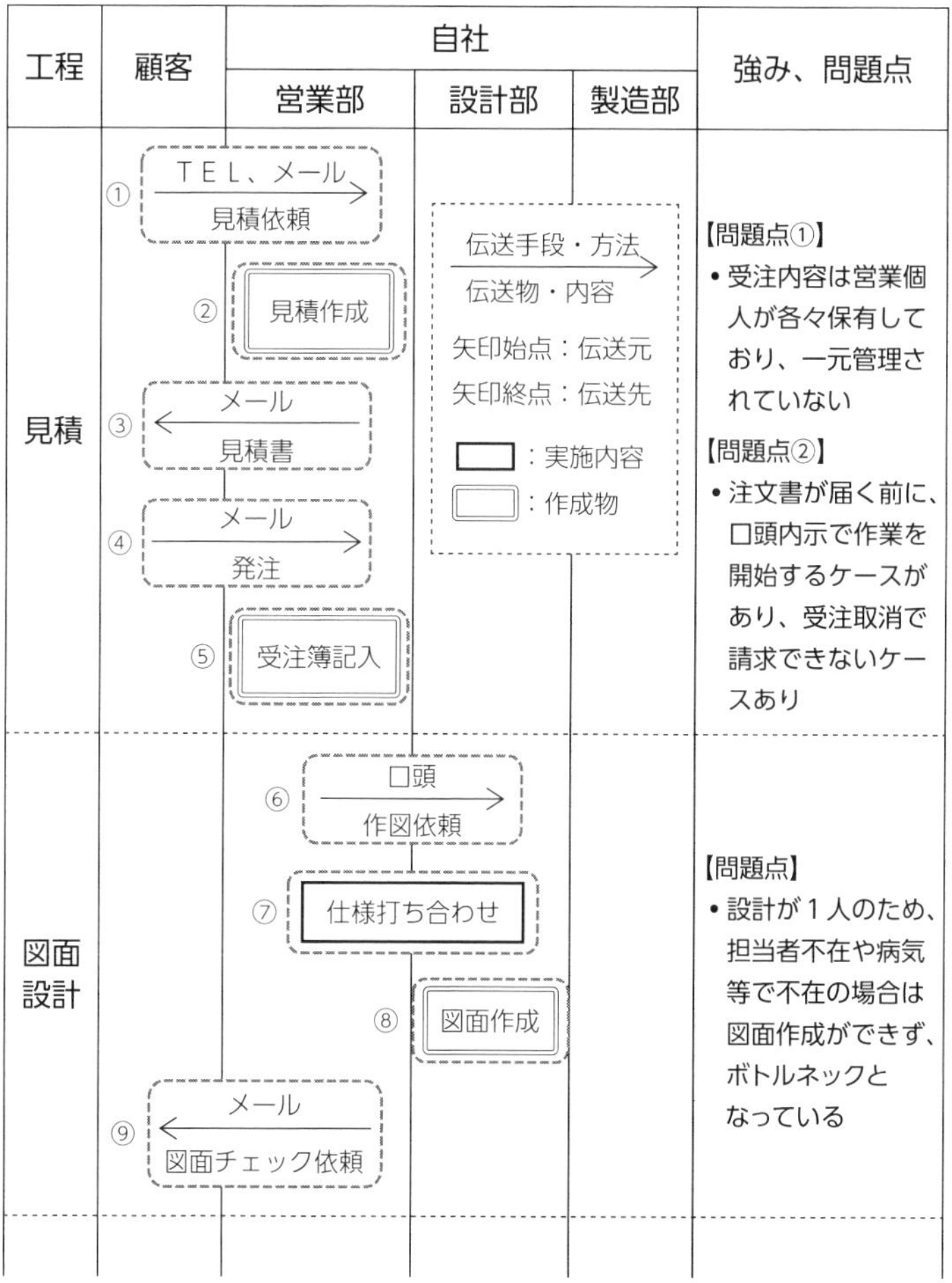
工程
顧客
自社
営業部
設計部
製造部
強み、問題点
見積
① TEL、メール
見積依頼
② 見積作成
③ メール
見積書
④ メール
発注
⑤ 受注簿記入
伝送手段・方法
伝送物・内容
矢印始点：伝送元
矢印終点：伝送先
：実施内容
：作成物
【問題点①】
• 受注内容は営業個人が各々保有しており、一元管理されていない
【問題点②】
• 注文書が届く前に、口頭内示で作業を開始するケースがあり、受注取消で請求できないケースあり
図面設計
⑥ 口頭
作図依頼
⑦ 仕様打ち合わせ
⑧ 図面作成
⑨ メール
図面チェック依頼
【問題点】
• 設計が１人のため、担当者不在や病気等で不在の場合は図面作成ができず、ボトルネックとなっている

：

• 設計が1人のため、病気等で担当者不在の場合は図面作成ができず、ボトルネックとなっている

以上のとおり、複雑になりがちな業務フローも、このオリジナルフロー図を活用すれば、ヒアリングをしながら容易に作図でき、かつ報告書でもわかりやすく表示することが可能になります。

【第5章】

課題解決型ヒアリングの実践

1．課題解決型ヒアリングのフロー

本章では、これまで説明してきた課題解決型ヒアリングの内容を踏まえて、実践的な事例について説明していきます。

まずは課題解決型ヒアリングの全体の手順について、社長とのヒアリングのフロー図を踏まえて見ていきます。

なお、課題解決型ヒアリングのポイントを明確にするために、図表を使って通常のコンサルティングでよく行われているインタビュー形式と比較して確認していきます。

●インタビューのフロー

まずはインタビューについて説明します。

最初は現場でのプロセスです。

まずは社長に対して質問を行い（1質問）、質問に対する社長の話を聞きます（2ヒアリ

【課題解決型ヒアリングのフロー（インタビューとの比較）】

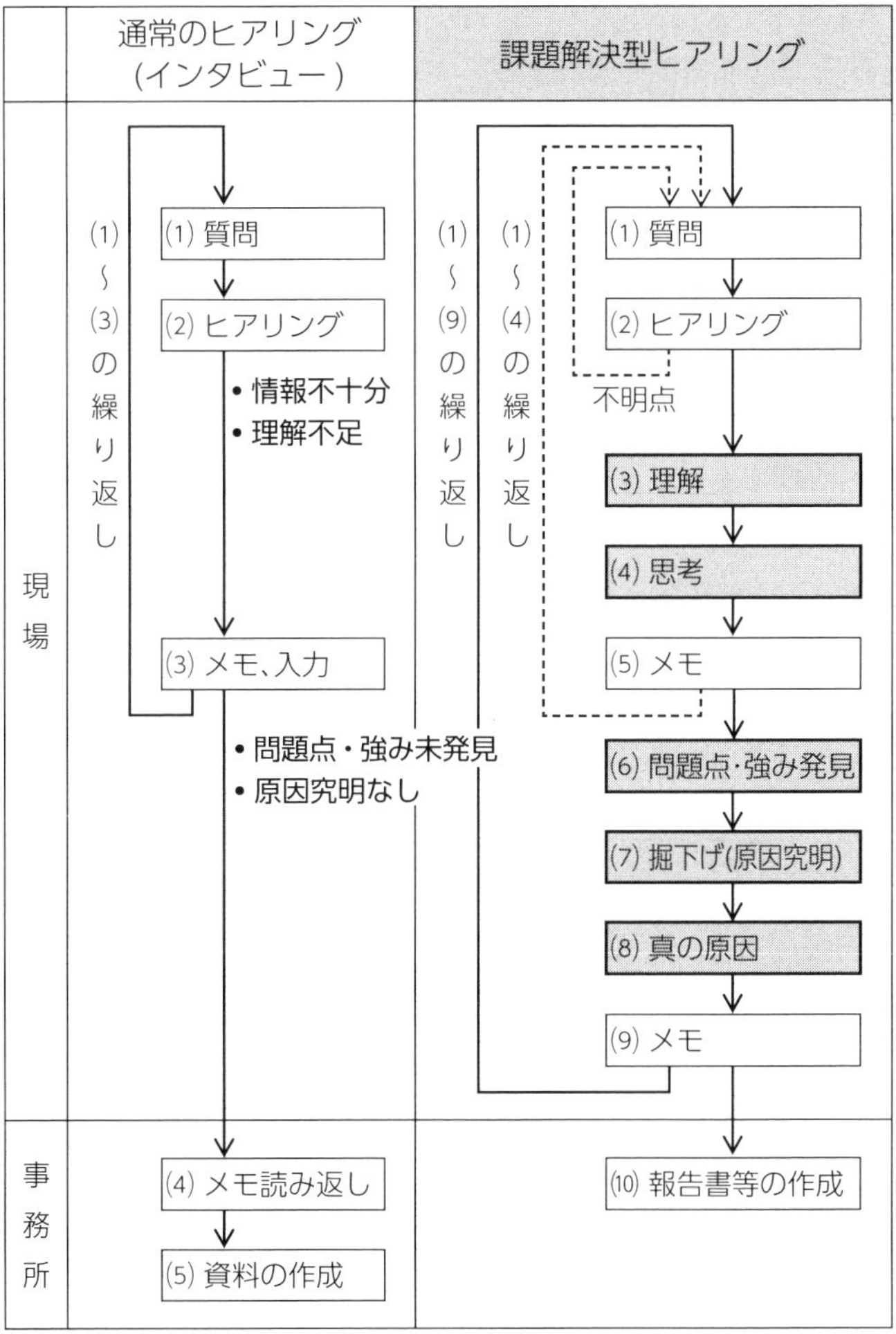

ング)。

ただし、インタビューでは社長が質問に対して自由に話をするため、相手の話には事実以外の内容も含まれ、話が脱線したりするケースもあり、必要な情報を十分に収集することができません。

また、社長は理路整然と話すわけではなく、話の中に専門用語も含まれたりするので、理解も不足してしまいます。

次に、それらの社長の話を聞きながら、メモやパソコンへの入力を行います(3)メモ、入力)。

しかし、単に相手の話す内容をそのままメモしたりパソコンに入力したりする作業を行っているだけで、思考停止状態になっているため、ヒアリングを行いながら分析ができていません。

具体的には、話の中で問題点や強みを抽出することができず、問題点について社長が話しても、それを掘り下げて原因究明することも行えていません。

こうして、ひたすら社長の話を聞きながらメモすることを繰り返して、現場での情報収集を終えます。

次に、現場から事務所に戻った後のプロセスです。

ヒアリングでメモした内容を読み返して、その内容の理解に努めます（⑷メモ読み返し）。しかし情報は限られるため、メモを読むだけでは現状を十分に把握することはできません。また、事実とは異なる内容も含まれるため、メモの中で事実だけを取り出さなければなりません。そのため多くの時間と労力を要します。

その他、質問項目とは異なる話をしていることもあるため、膨大な情報を、報告書の項目に振り替える作業が発生し、ここでも膨大な時間と労力がかかります。

さらに、問題点や強みの抽出、原因究明を行っていないため、情報は分析されておらず、単に社長が話した内容を記述したものに過ぎません。

それらの情報を、報告書の項目ごとに整理して完成させます（⑸資料の作成）。

このようにして報告書を作成するため、報告書は分析されていない単なる情報整理された資料に過ぎず、その会社に最適な具体策の提案には到達しません。

このように通常のコンサルティングでは、報告書作成に膨大な時間と労力をかけているにもかかわらず、質の低い報告書となってしまうのです。

●課題解決型ヒアリングのフロー

続いて、課題解決型ヒアリングのフローについて説明します。

最初にヒアリングの現場でのプロセスです。

まずは社長に対して質問を行い（1）質問）、質問に対する社長の話を聞きます（2）ヒアリング）。

ここでのヒアリングは、ヒアリング7ルール①の通り「聞き手主導」で行い、ヒアリング7ルール②の通り「ヒアリングシートの活用」で質問項目を分解して絞り込んでいるため、必要な情報をピンポイントで質問ができます。そして社長も、質問内容が定まっているため、答えやすく、脱線することも少なくなります。

また、ヒアリングの順序も、ヒアリング7ルール③の「全体↓細部の手順」の通り、まずは全体像から確認し、その後に細部の確認をするため、聞き手も理解しやすくなります。

なお、社長の話の中で理解できない点や、意味のわからない専門用語などが出てきたら、ヒアリング7ルール⑤の「目的の即時切替え」と、ヒアリング7ルール④の「不明点は即確認」の通り、話を中断させて、それらについて確認の質問を行います。

なお、「不明点の即確認」で、質問に対する相手の答えが曖昧であったり不十分であったりすれば、それらの情報をより詳細に収集するために、さらに質問を行います。

例えば、「営業活動は何をしていますか？」という質問に対して、社長が「毎日お客様に訪問しています」と答えたとします。しかしこれだけでは、どのような営業活動をしているのかがわかりません。

そのため、どのような営業活動を実施しているのか、例えば1日何件訪問しているのか、誰に会って、どのような話をして、どういった情報を収集しているのか、具体的な内容を確認するために、「具体的には？」「例えば？」と質問をします。そうしたやりとりの中で、問題点や強みを探っていきます。

問題点や強みは、表面的な情報だけでは発見できない場合もありますので、情報を掘り下げながら探っていきます。

相手の話を聞いて、それを理解し(3)理解)、入手した情報が質問に対して適当か、十分理解できたかを思考して(4)思考)、メモを取ります(5)メモ)。

相手の話の中で問題点や強みがなければ、各質問項目について、この手順(1)～(4)を繰り返して現状把握を行います。

続いて、ヒアリングの中で、その会社にとってマイナス面の内容やプラス面の内容が出てきたら、これが問題点、あるいは強みであり、しっかりと認識します（6)問題点・強み発見）。

そしてヒアリング7ルール⑥の「原因究明」の通り、原因を突き止めるまで掘り下げるために、なぜなぜ分析を使って原因究明を行います（7)掘下げ（原因究明））。

なぜなぜ分析による掘下げは、真の原因を解決するゴールイメージが描けるまで継続し、ゴールイメージが描けたら、そこで問題の真の原因を究明できたことになります（8)真の原因）。そしてそれらをメモします（9)メモ）。

なお、ビジネスモデル俯瞰図や業務フロー、その他製品のイメージ図など、文章でのメモでは理解が難しい内容については、ヒアリング7ルール⑦の「図表の活用」の通り、図表やイメージ図を書いて現状把握を行います。

このように、ヒアリングで問題点や強みを発見し、真の原因を究明するという手順(1)～(9)を繰り返し行っていきます。

次に、現場から事務所に戻った後のプロセスです。

現場でのヒアリングで、各項目について、現状把握や分析が終わっているため、報告書の項目ごとにそれらの情報を整理します。

次に、各項目で問題点や強みが分散されているので、ＳＷＯＴ分析で、強みと弱みを一覧表示します。

このＳＷＯＴ分析全体を踏まえ、問題点の改善策や強みを活かした施策を検討します。

なお、ＳＷＯＴ分析で整理することで、強みや弱みを一覧で見ることができるため、これらを見ながら全体思考で、会社全体や各機能の戦略・戦術を構築します。

具体的には、課題解決思考の「ゴールイメージ描写」と「具体策構築」の通り、まずは会社全体、そして各機能（経営・組織、営業、製造など）について方向性やゴールを描き、次の各々のゴールに合わせて具体的な施策を構築していきます。

こうした手順で実施することにより、会社の全体像から詳細まで把握することができるため、漏れや部分最適に陥ることなく、一貫性のある、会社に最適な戦略（全体設計）と戦術（詳細設計）を構築することができます。

会社全体を詳細に把握することができるため、アクションプラン（行動計画）を重要度や優先順位を踏まえて策定することができます。

このように、最短の時間と負荷で、効率的・効果的に、課題を解決するための具体的な設計を行うことができるのです。

こうしてインタビューと課題解決型ヒアリングを比較してみると、フロー全体の違いだけでなく、手順の各ステップでの違いについてもよくわかるかと思います。

双方のフローの違いは、図表の課題解決思考のステップで網かけしたところが、インタビューにはありません。具体的には、「⑶理解」「⑷思考」「⑹問題点・強み発見」「⑺掘下げ（原因究明）」「⑻真の原因」です。

要するに、会社のコンサルティングを行うといっても、インタビュー形式で情報収集をしてしまうと、相手企業の情報を正確に理解するのが難しく、十分な問題点や強みの抽出もできません。また問題点や強みを部分的に発見しても、原因を掘り下げることをしていないため、問題が発生した真の原因を究明できておらず、真の強みも見出していないのです。

つまり、課題解決型ヒアリングでは、詳細な課題を抽出し、改善策がしっかりと提案された報告書となっていますが、インタビューでは、立派に製本され、中身はフレームワークで整理されていても、単に「情報の羅列」でしかなく質の低い報告書となってしまうのです。

2. 課題解決型ヒアリングの注意点

課題解決型ヒアリングを忠実に実行するためには、いくつかの注意点があります。注意点は次の３点ですが、特に①②は課題解決型ヒアリングを実施するにあたっての阻害要因となりますので、注意してください。

① 録音しない

ヒアリングの内容を録音してはいけません。なぜなら、録音することで「後から確認すればいい」という意識が働き、ただ話を聞いているだけの思考停止状態に陥るからです。

課題解決型ヒアリングでは、その場で理解することが前提であり、そこがスタートです。理解しなければ、問題点や強みを発見することもできず、真の原因も究明できないので、最適な提案には到底到達することはできません。

録音が必要な場合というのはインタビューで、後から相手の話を正確に再現することが必要なケースになります。例えば、取材や対談の内容を雑誌などに掲載する場合には有効です。ただ、ヒアリングの相手の業界が専門的すぎて、専門用語が飛び交うような状況の場合、いちいち確認ができないようなことも想定されます。そのような場合は、会話の録音をして、後から音声を聞き直し、理解できない専門用語を一つひとつ丁寧に確認することが必要な場合もあるでしょう。

かつて私も、まだスマホのない時代、録音機を使って会話を録音して、後からそれらを理解することをしたことがあります。

録音機を使ったのは、独立前の、コンサルティング会社に転職した際のことです。その会社ではさまざまなサービスを行っており、入社してしばらくすると、すべて、すぐに説明できるようにならなければなりませんでした。当然営業トークのマニュアルなどありません。

そこで、それぞれのサービス内容について、専門の先輩方に営業トークの見本を見せていただき、すべて録音して文書化して必要事項を追加し、簡易的な営業マニュアルを作成しました。その結果、すぐにすべてのサービスについて詳細に説明できるようになりました。

このマニュアルは、他の営業マンも重宝して活用するようになりました。

その他、独立起業して事業再生コンサルティングという仕事を始めて間もない頃、いきなり難易度の高い案件に参加することになりました。そして、私とベテランコンサルタントのほか、弁護士などの専門家を交えて打ち合わせをすることになったのですが、私が議事録の作成を担当することになりました。

打ち合わせの前段階で、メンバーが集まって、議事録不要の軽い打ち合わせを行ったのですが、その打ち合わせでは法律用語や金融機関の専門用語などが飛び交い、初心者の私にはさっぱりわかりませんでした。

そこで、本打ち合わせでは、内容を録音しました。その後、事務所でその会話の内容をパソコンで打ち込んで文字に落とし込み、意味のわからない用語はネットで調べて用語の解説も追記しました。そして完成した資料を印刷して、繰り返し読み直して理解に努めました。

この作業は、録音した音声を少し再生しては止めて入力する、ということをひたすら繰り返す作業であったため、非常に労力のかかるものでした。録音した音声の音質がそれほど良いものではなかったため、聞こえにくい内容も多く、何度も聞き直して入力することもありました。

打ち合わせは5時間ほどにも及んだため、その内容を入力するだけでも丸二日かかったと記憶しています。

ただ、おかげで細かい内容まで理解することができ、それまでの打ち合わせではただ座って聞いていただけでしたが、それ以降は議論に加わることができるようになりました。

このように、理解できない内容の音声を録音して文書化し、補足説明を加えて整理したものを繰り返し読み込むことで、短期間で理解を深めることができます。記憶の定着には「繰り返し」が重要であるため、正確な情報を文書化して繰り返し読み返せば短期記憶を長期記憶化しやすくなり、内容や用語の理解も深まります。

コンサルティングの課題解決型ヒアリングで録音はNGですが、それ以外で録音が非常に有効である場合は、大いに活用すべきでしょう。

② パソコンで入力しない

続いての注意点は、これまで繰り返し述べていますが、ヒアリングの内容をパソコンで入力しないことです。メモは手書きで行うようにします。

パソコンで入力する場合、言葉の一言一句を入力することに集中するため、入力という「作業」に陥ってしまい、話の内容を理解するという「思考」が疎かになり、現状把握が不十分になるからです。

プリンストン大学のパム・ミュラー教授、カリフォルニア大学のダニエル・オッペンハイマー教授が、学生たちにＴＥＤの講演映像を見て「パソコンで記録するグループ」「手書きで記録するグループ」に分けて「記憶・理解にどれほどの差異が出るか」という実験を行いました。その結果、パソコンのグループよりも手書きのグループのほうが、記憶に関しても理解に関しても高い点数だったとのことです。

また、「脳トレ」で有名な東北大学加齢医学研究所所長の川島隆太教授によると、ＩＴ機器を使用した時は脳の「前頭前野」が活発に働かないことがわかったそうです。「前頭前野」とは、記憶や感情の制御、行動の抑制など、さまざまな高度な精神活動を司っている、「脳の中の脳」とも呼ばれている重要な場所です。パソコンの入力では、この前頭前野が活発に働かない、つまり思考停止に近い状態に陥ってしまうということです。

多くのコンサルタントが、ヒアリングの内容をそのままパソコン入力でメモを取っています。一見スマートに見えますが、これは多くのコンサルタントが思考停止のまま、ただ社長の言葉をパソコンに入力しているだけだということであり、これでは質の高い、相手に最適な提案はできません。

課題解決型ヒアリングでのメモは手書きで行い、「理解し、思考しながら、手を動かしてメモをする」ことを続けていきます。

③　メモには大きな白紙の用紙を使用する

最後の注意点は、大きな白紙のメモ用紙を使用する、ということです。

これはどういう意味かというと、ヒアリングでは大量にメモをするため、白紙のスペースが大きいほどメモしやすい、ということです。

細かい内容ですが、時々ヒアリングシートの小さなスペースにメモをする人がいます。これでは十分にメモをすることは難しくなります。

ヒアリングでは相手の話す内容をメモするだけでなく、理解するために図表やイラストを描いて、内容が正しいかを確認する場合もあります。そのため、なるべくスペースの大きい、できればＡ４の白紙の用紙を使うことをお勧めします。

3. 課題解決型ヒアリングの質を高める事前準備

ヒアリングを開始するにあたり、会社の状況をまったく知らない状態で始めるのは得策ではありません。そのため、ヒアリングの前に、事前にある程度の会社情報を把握しておくことが有効です。

ヒアリングを開始する前の事前準備として有効なものを３点お伝えします。

なお、相手企業から必要な情報を入手することができない場合もあるため、これら３点をすべて実施することが困難なケースがあります。そのため、優先順位の高い順で紹介します。

① ホームページ等のネットでの情報収集

コンサルティングの対象となる企業がわかれば、まずはホームページなどネットで会社の情報をできるだけ多く収集することです。

事前情報として最も有効なのがホームページであり、会社概要や商品情報、業務内容など、さまざまな情報をここから収集できます。

私はホームページを閲覧する際は、必要なページはすべてプリントアウトして、ポイントとなる箇所を赤ペンでチェックしておきます。なぜなら、事前にホームページを確認しても、訪問当日にそれらの情報を忘れてしまうことが多いため、印刷してポイントとなる箇所に印をつけておけば、ヒアリング当日か前日に、その箇所を重点的に見直すだけでいいので、時間的にも負荷軽減にも有効だからです。

ホームページの情報は、特に会社の強みを抽出する際に有効です。ホームページでは自社のウリを記載しているケースが多いからです。

中小企業の中にはホームページを持たない会社も存在しています。その場合は、何か関連するサイトがあれば、そこから収集します。

例えば、飲食店であれば食べログなどの評点や口コミ情報、旅館であればじゃらんや楽天トラベルなどの評点や口コミ情報が有効です。

特に口コミは、実際の顧客が良い・悪いと感じたところが率直に記載されているため、ヒアリングの強みと問題点の抽出に役立ちます。

また、評点が低かったり、口コミ情報の内容がよくなかったり口コミの数が少なかったりする場合は、会社の軸である商品・サービス力が低いことになるため、そこが問題といえるでしょう。

このように、ネットでかなりの情報を収集できるので、事前に把握しておけば、より効率的で効果的なヒアリングができるようになります。

②　決算書の確認

次に事前準備として有効なのが、決算書（ＰＬ、ＢＳ）を入手して、収益状況や財務体質を確認しておくことです。

決算書を見れば、企業の数値面での問題点が明らかになります。

例えば営業利益がマイナスであれば、それがこの会社の問題点で、赤字の原因をヒアリングで確認していくことになります。

営業利益がマイナスの要因を数値面で探ることもできます。

例えば、売上に対して人件費が高ければ、それが問題であり、生産性が低いか、それとも無駄な業務が多い可能性もあるでしょう。

また、営業利益がマイナスの要因として、原価である材料費が高い場合は、安売りをしているかもしれませんし、製品ごとの値付けの際に原価計算を実施していないことも考えられます。原価の労務費が高ければ、無駄な作業や手待ちが発生して現場の生産性が低下しているのかもしれません。

このように数値面の問題において、原因の仮説を立てることができ、その上でヒアリングで確認することができるので、より効率的に情報収集することができます。

ただし、事前に決算書を入手できないこともあります。また、コンサルティングに入っても社長が決算書を見せようとしないケースも稀にあります。そのような場合は、無理に要求して相手の気分を害して契約取り消しになるといけないので、その場合は諦めたほうがよいでしょう。

なお、決算書が手に入るのであれば、少なくとも直近3期分、可能であれば5期分を入手することが望ましいです。直近1期分だけでは、たまたま黒字あるいは赤字であったかもしれません。複数年で分析し、その推移を見ることで、単年度ではわからない、より正確な経営状況を確認することができます。

また、ある程度の経営分析ができる人は、細かい経営分析を行うことが有効です。数値の分析は、さまざまな視点で分析することで、会社の実態をより正確に把握することができ、ヒアリングでどこを重点的に確認すればよいかがわかるようになるからです。

③　外部環境分析

最後に、最も優先順位が低いのが、外部環境分析です。

外部環境分析とは、企業を取り巻く環境要因を分析することです。

例えば、仕入先の業界の動向や原材料価格の推移、自社の業界動向、得意先の業界動向や消費者動向、店舗事業であれば地域の人口動態などです。

ただし、これらはマクロ情報であり、経営に影響を及ぼしますが、自社でコントロールすることはできません。また競合他社も同様の影響を受けるため条件は同じです。

日本は多くの業界が成熟期、あるいは衰退期を迎えており、人口も減少しているため、多くの企業は需要が減少傾向といえます。そのため、それらを受け止めた上で経営戦略や戦術を構築するしかありません。

なお、成長期の市場の場合、「機会を捉える」という意味で、市場が成長期であることを報告書の中で表現することが求められます。ただし、業界団体や公共団体がタイムリーにデータを更新できていないケースがあり、データで表記することは難しため、ネットの経済ニュースなどから情報収集して文章で記載することも必要になります。特にM&Aで多い、誰も参入していない隙間市場の場合は、ニーズが増加している旨のコメントは重要になるでしょう。

ただ、業界が成長期であろうが、成熟期・衰退期であろうが、経営で重要なことは、強みを強化し、事業をピカピカに磨き上げて差別化を図り、顧客のニーズを捉えてターゲット顧客に価値を発信、浸透させていくことです。業界トップクラスの大手企業の場合は外部環境分析がメインになりますが、中小企業のコンサルティングでは、多くの場合、外部環境分析にそれほど労力をかける必要はありません。

なお、事業調査報告書を作成する場合、外部環境分析も必須条件とされるため、事前に外部環境分析を実施しておくと、後々のヒアリングによる内部環境分析に集中できるという効果はあります。しかし、外部環境分析まで求められない場合は、無理に実施する必要はありません。

4. 課題解決型ヒアリングの事例①　麩《ふ》（食品）メーカーの営業改善

これまで説明してきた課題解決型ヒアリングの内容を踏まえて、実際にどのように活用するか、二つの事例で実践内容をお伝えします。

事例では、ヒアリングのやりとりのほか、実際のヒアリングでコンサルタントがどのような思考をしているのかを見える化するため「思考」についても示します。

なお、ヒアリングのやりとりは、コンサルタントと社長になります。

最初の事例は、食品メーカーの営業改善に関するヒアリングです。

【会社の概要】

・食品メーカーで、麩の製造・販売

・売上規模は2億円程度の中小企業
・社長が20年前に創業して、現在もオーナー社長として経営
・5年ほど前から麩菓子を開発してスーパーに卸しており、売上も好調のため、定期的に麩菓子の商品開発を実施
・営業部門は部長も入れて3人で、部長も自ら一営業担当として活動
・自社で小売も実施しているが小規模であり、主な顧客は地域のスーパーや飲食店で、ＢｔｏＢがメイン
・売上が減少傾向、直近の決算で営業利益がマイナスに陥り、営業の改善が課題

●課題解決型ヒアリングの実践

コンサル：日々の営業活動について、具体的に何をしていますか？
社長：毎日営業マンが客に訪問してます。
（思考）「毎日訪問」だけではどのような営業活動をしているのかがわからない。もう少し細かく聞いてみよう。
コンサル：具体的には、営業は皆１日で何社訪問するんですか？

社長：１人で１日４～５社は回ってますよ。
（思考）１日に４～５社は多すぎる。どんな営業をしてるのだろうか？
コンサル：具体的にどんな営業をしていますか？
社長：毎日商品を届けています。決まった曜日に商品を届けています。
（思考）これは「営業活動」ではなく「納品活動」。各スーパーで卸していない商品の紹介など、納品と合わせて営業活動をしているのだろうか？
コンサル：それは営業ではなく、単なる納品ですね。スーパー向けに別の商品の紹介などはしていないのですか？
社長：していないと思います。１日何件も回るので納品だけで手一杯です。
（思考）既存顧客向けには売上向上のための営業活動は実施されていない。これが問題点の一つ。新規開拓はどうだろうか？
コンサル：新規開拓の営業は実施していますか？
社長：新規の営業はしていませんね。
（思考）新規開拓の営業も実施していないし、既存顧客向けの商品の紹介もしていない。つまり実質営業活動をしていない。これが売上減少の問題の一つだ。既存顧客向けに同じ商品を販売しているだけでは売上は減少傾向となる。なぜ営業活動を実施しないのか確認しよう。

コンサル：なぜ営業活動をしないのですか？

社長：部長や担当者には「営業しろ」と言ってるんですが、営業しないんですよ。

コンサル：なぜ営業マンは営業しないんですか？

社長：納品で忙しいから時間がないって言ってます。みんなやる気はあって一生懸命なんですがね。

コンサル：営業部長は何と言ってるんですか？

社長：部長というのは単にベテランで、対外的に見栄えを良くするためで、実際は一営業担当です。部長に取りまとめは無理ですね。

（思考）営業活動をしない原因は、納品活動で忙しくて営業する時間と余裕がないからだ。納品は自社でやらなければならない理由があるのだろうか？

コンサル：なぜ営業が納品をしているのですか？　ただ届けるだけなら宅配便を使えばいいと思いますが。自社の営業マンが届けなければならない理由があるのでしょうか？

社長：いや、特にないけど、私が昔から営業と納品を一緒にやっていて、それで営業を任せるようになったんだけど、客の数が増えて営業をする余裕がなくなったんです。

（思考）自社で納品する意味は特にないな。取り扱っている商品が麩なので、飲食店向けには決まった商品しか取り扱わないと考えられるため、新たな商品を売り込むのは難しいだろう。ただし麩菓子があるので、スーパーにはいろいろと売り込めるはず。そうであれば、飲食店向けの納品は宅配便に任せて、その分営業の時間に余裕ができるため、スーパーには引き続き営業が納品して、その時に新たな商品などの売り込みや、新規開拓営業をすればいい。これがゴールイメージ。

コンサル：それでは、飲食店向けは宅配便に任せて、スーパーには引き続き営業マンが納品して、空いた時間で新規開拓だったり、スーパーに麩菓子を売り込んだりするというのはいかがですか？

社長：そうですね。ただ、うちの営業はみんな一生懸命なんですが、口下手が多くて、なかなか営業トークができないかもしれないなぁ。

（思考）営業トークができないなら、Ａ４の用紙１枚に整理した商品ごとの営業ツールを作成して、それを渡して相手の感触を探ればいい。これもゴールイメージ。具体的な営業ツールの作成は、私のノウハウを使って、社長と一緒に作成すればいい。

コンサル：営業トークができないなら、例えばＡ４の用紙１枚に、各商品の写真や特徴などを記載した営業ツールを作成するのはいかがでしょうか？　簡単なもので大丈夫です。営業は、そのツールをお客様に渡して、商品をスーパーの棚に置いてもらうようにお願いすれば、口下手な人でも実施できると思います。

社長：それはいいですね。

コンサル：それから新規開拓は、普通の麩は差別化ができず、新規開拓は難しいと思いますので、麩菓子を積極的に紹介しましょう。そのツールを使って、まだ入り込めてないスーパーに紹介すれば、新規営業未経験でも実施できると思います。こうして日々の営業活動を実施していけば、御社の麩菓子は他社にはない商品なので、少しずつでも売上は上がっていくと思います。

社長：確かにそうですね。ぜひ実施したいです。

5. 課題解決型ヒアリングの事例②
模型製作会社の強み発見

続いての事例は、模型製作会社の営業改善に関するヒアリングです。

【会社の概要】

- 「デザインモデル」といわれる、新製品のイメージデザインを具現化した模型の製作
- 製作する模型は、自動車のボディーやパソコン、その他電子機器類が主体
- 売上規模は２億５千万円程度の中小企業
- 日本の製造業は海外勢に押され、それに伴い需要も減少傾向で業績が低迷しているため、社長は自社の強みを打ち出して再起を図ろうとしている

●課題解決型ヒアリングの実践

コンサル：御社の強みは何でしょうか?

社長：うちの強みは、「高品質」と「短納期」を両立していることです。

（思考）「高品質」と「短納期」だけでは、真の強みではないので、なぜこれらが実現できるのかもっと掘り下げないといけない。これら強みの要因は製造部門の業務の中にあるので、まずは製造部門の業務フローの現状把握を行おう。

コンサル：御社の業務の流れについて教えてください。

社長：まず顧客のデザイン部が、新製品のデザインイメージを作ります。それを当社のシステム1課が入手して、そこで完成品デザインの模型を作るための部品展開を行って設計図を製作します。次にシステム2課が各部品の機械加工のプログラミングをして、機械加工を行って部品を作ります。続いてその部品を試作課が磨きや削りを行って仕上げていきます。次に塗装課が、部品の調色（色を混ぜ合わせて好みの色を作ること）をし、塗装とシルク印刷を行って、最終的に磨きを行います。さらに、再び試作課に戻して、そこで組立を行います。

（思考）これで製造の各工程とその内容は把握した。次にそれぞれの工程でどのような強みがあるのかを探っていこう。
コンサル：まずシステム１課で、完成品デザインの部品展開を行う工程で、御社の強みは何かありますか？
社長：依頼元のメーカーから送られてくる新製品のイメージデザインは、製品の「完成品」のデザインイメージです。作成するのは設計者ではなくデザイナーなので、イメージが強調されて、寸法が曖昧なのが多いんです。たまにめちゃくちゃな時があるんですよ。たぶん相当急いで作ったんだと思いますが。
コンサル：それは大変ですね。このイメージを図面にするんですね。
社長：そうなんです。なのでこのイメージを具現化するためには、完成品を部品展開し、完成品通り組み立てられるように「設計図」が必要になるんですね。完成品を作るには、さまざまな見えない箇所の部品も作らなければならないので、設計図の作成には長い経験と高い設計力が必要になります。当社はこれらを早く、正確にできる技術者がいるんです。
（思考）設計図は他社と比べてどの程度早く作成できるのだろうか？
コンサル：他社と比べてどの程度早く作れるのですか？
社長：会社にもよるけど、半分くらいの時間でできると思います。

【模型製作会社の業務フロー】

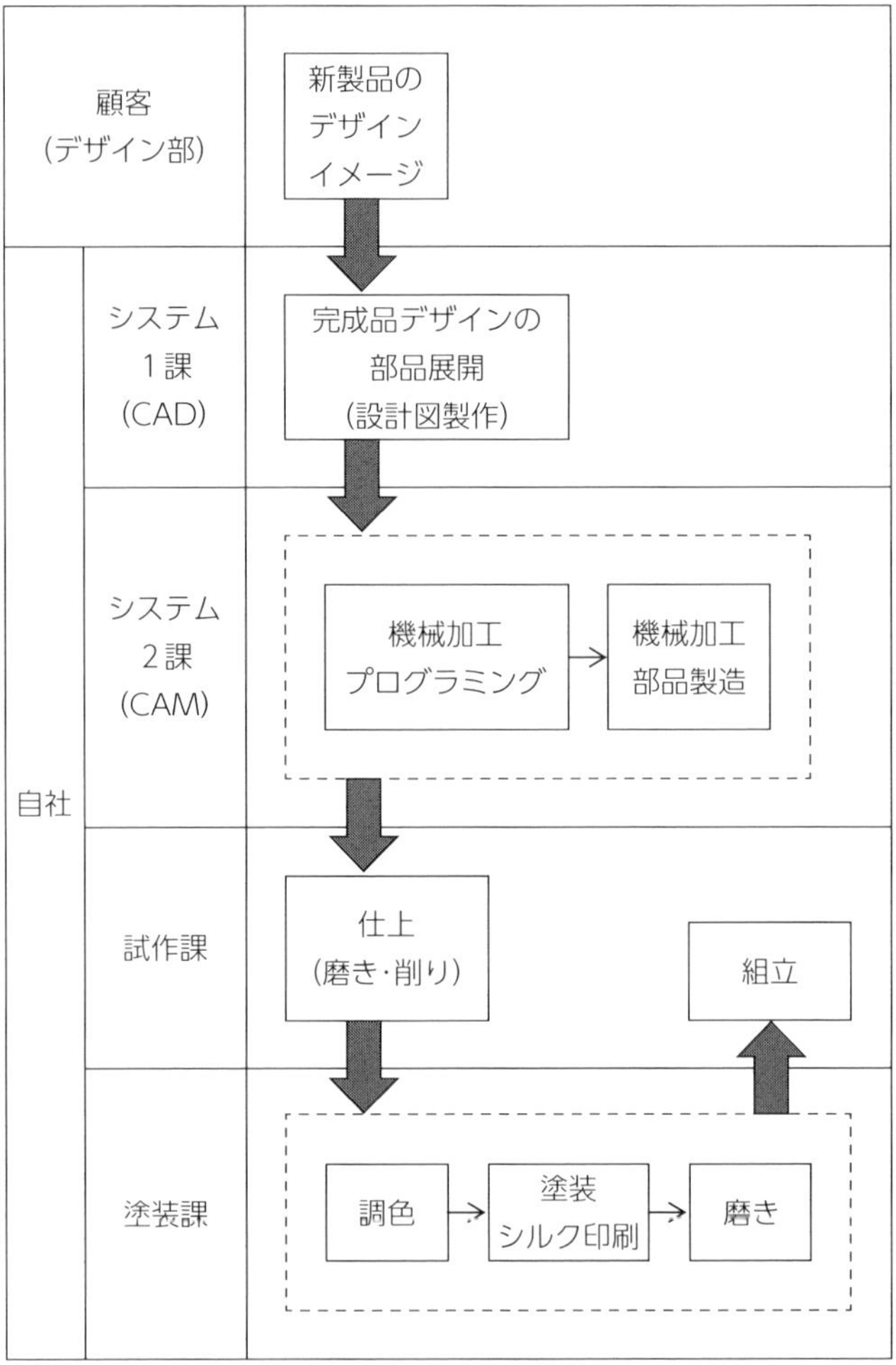

（思考）短納期の要因の一つは、このシステム１課の設計図製作の早さ、巧みな技を持った社員だな。では次の工程を確認してみよう。

コンサル：次に、システム２課での強みはありますか？

社長：システム２課は、設計図の通り、プログラムを組んで部品を作るだけだから、ここは他の会社と同じですね。

（思考）システム２課では特に強みはないな。では次。

コンサル：それでは、次の工程の試作課はいかがでしょうか？

社長：仕上げ作業は、前工程の中で特に高い技術が必要な手作業の工程なんですね。この仕上げ作業の品質が低いと、表面のツヤが足りなくて、次の工程の塗装の品質に大きく影響するんです。色合いにムラが出たりして。

コンサル：具体的にはどのような作業なのですか？

社長：手作業で削ったり磨いたりするんです。例えば正確に組立ができるように寸法を調整します。また、切削後のアクリル素材を透明になるまで仕上げる「鏡面仕上げ」というのがあるんです。これらは長い経験と高いスキルが必要で、習得に十年くらいかかります。うちの試作課は３人いますが、いずれも実務経験が30年以上あって、削りと磨きの卓越した技術があるんです。

（思考）高品質の要因の一つは、磨きと削りの匠の技、その匠の技を持った社員だ。では次の工程へ。

コンサル：次の塗装課はいかがでしょうか？

社長：依頼元から送られてくるデザインの色はイメージで、マンセル値（色を数値化したもので、一つの色彩を色相、明度、彩度の三つの属性で表す）で指定してこないんです。そのため色のイメージが曖昧な状態から、状況に合わせて当社で色を作り上げるんです。この微妙に調合しながら色を作り上げるのを「調色」と言うのですが、この調色を、迅速かつメーカーのイメージ通りに作り上げることができます。また「コート色」といって、何重にも重ね塗りを行って表現していくものなんですが、これが調色の中で最も難易度が高くて難しい。なぜなら、何重にも重ねた後の色合いを想像できなければならなくて、長い経験が必要なんです。当社は、この調色とコート色についても、迅速かつ高品質に表現できるんです。

（思考）「調色」と「コート色」も、高品質と短納期の強みのポイントだな。当社は本当にたくさんの強みを持っている。次の工程はどうだろう？

コンサル：本当にたくさんの強みをお持ちですね。次の工程はいかがでしょうか。
社長：これ以降は特にないですね。他社と変わりません。
（思考）これで製造部門のすべての真の強みを抽出できた。これらは既存顧客にとって本当に有効なんだろうか？　つまり、ニーズがあるか。
コンサル：ありがとうございます。これらたくさんの強みを持っているから、既存のお客様が繰り返し注文してくれるんでしょうか。
社長：そうですね。直接のお客様はデザイナーで、デザイナーは世の中にない新たな製品を「創造」しているという意識が高いので、妥協せず、いろいろな細かい要求を出してくるんです。それらを一つひとつ丁寧かつ迅速に対応して、デザイナーの描くイメージデザインを具現化させていっているので、お客様からの評価はとても高いです。
（思考）これらの技術力で、デザイナーのさまざまな要求を迅速に、高品質に実現するという対応力が、支持されている理由なんだな。
コンサル：ありがとうございます。そうすると、御社の強みは「デザイナーの創造力を高品質、短納期で具現化する匠の技術集団」で、その背景にある強みが、①完成デザインを迅速に部品展開する匠の技術、②丁寧に仕上げる削りと磨きの卓越した匠の技術、③イメージどおりの調色とコート色を提案する卓越した匠の技術、そして④デザイナーのこだわりを丁寧かつ迅速に実現する対応力、ということですね。このような要望をお持ちの製造業は他にもたくさんあるはずですので、ぜひこれらをホームページや営業ツールで発信していって、新たな顧客を獲得していきましょう。

社長：そうですね。うちの技術力には自信を持っていましたが、具体的に何が強みなのかを新規のお客様には伝えられていませんでした。ここまで細かく強みを明記すれば、お客様は必ず一度は当社を試してみたいと思うはずです。ありがとうございました。

おわりに

いかがでしたでしょうか。

医者が個々の患者を診て治療するように、コンサルタントが個々の企業をしっかりと分析し、その企業に合わせた最適な提案を行うという質の高いコンサルティングを行うためには、課題解決思考、ヒアリング7ルールなどを活用した課題解決型ヒアリングが必須のスキルであることがご理解いただけたかと思います。

コンサルティングの現場では、多くの企業が、各々特有の課題を抱えています。しかし実際の現場では、多くのコンサルタントはその課題まで突き止めきれていません。なぜなら、問題を発見したら当てはめ思考ですぐに提案してしまい、問題の真の原因を追究していないからです。これでは顧客の課題は解決しないだけでなく、コンサルタントとして単に表面的な実績を増やすだけで、中身の経験を積んで成長することはできません。

一方で、真の原因まで追究して踏み込んだコンサルティングを行うことができれば、確実に顧客の課題を解決することができます。また相手企業に踏み込むことで、さまざまなドラマが起きるため、スキルアップだけでなく、人として成長できる多くの経験を積むことができます。

さらに、顧客や関連機関からは高く評価され、感謝されるため、本当に役立ったと実感できます。

このように、レベルアップできれば、コンサルティングは仕事を充実させるだけでなく、人生そのものを豊かにしてくれます。

これから世の中はＡＩの時代になります。専門知識が武器にならない時代になるのです。いくら多くの専門知識を持っていても、単に専門知識を提供するだけのコンサルティングでは、ＡＩに取って代わられるため生き残ることはできません。

ただし、課題解決型ヒアリングを習得すれば、相手の詳細の情報と実践スキルを使って、相手に合わせた提案内容をカスタマイズして構築するので、最適な提案を行うコンサルティングができるのです。

そのため、将来ＡＩで多くの仕事が奪われるといわれますが、ＡＩが当たり前になった時代でも生き残ることができます。なぜなら、問題の真の原因は人や会社によってさまざまで、かつ複雑であるため、いくらＡＩを使ったり、ネットからの膨大な情報を収集する力を持っていても、目の前の会社の特有の原因を追究することはできないからです。

コンサルタントの力量を判断する一番の要素は「提案力」です。課題解決型ヒアリングを習得すれば、確実に提案力は向上します。さらに実践スキルを積み上げていけば、提案力はパワーアップしていきます。そしてコンサルティングの案件を積み重ねていけば、さまざまな体験ができ、豊かな仕事人生を送ることができます。

本書を読んで、ぜひ、プロフェッショナルなコンサルタントを目指してください。

【参考文献】

- 加藤俊徳『一生頭がよくなり続ける　すごい脳の使い方』（2022年　サンマーク出版）
- 中野信子『あなたの脳のしつけ方』（2019年　青春出版社）
- 岩本俊幸『確実に販売につなげる　驚きのレスポンス広告作成術』（2010年　同文舘出版）

【読者限定特典】
「事業ＤＤフォーマット兼ヒアリングシート」
のダウンロード方法

本書をご購入いただいた方に、特典として、本書でご紹介した「事業ＤＤフォーマット兼ヒアリングシート」を、下記の方法でWebからダウンロードしてご利用いただけます。

※ ご登録いただいたメールアドレスは、株式会社レヴィング・パートナーおよびその関連団体にて、お客様と連絡を取るという目的以外では使用いたしません。

①ブラウザを起動し、アドレスバーに下記ＵＲＬを入力して、株式会社レヴィング・パートナーのホームページにアクセスします。

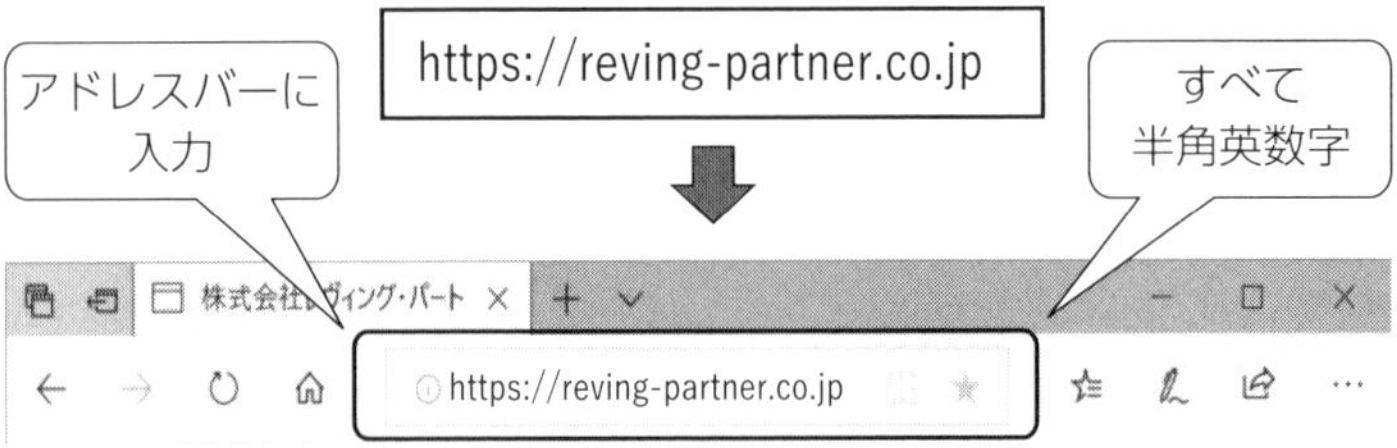

②表示された「株式会社レヴィング・パートナー」のホームページの【書籍特典ダウンロードはこちら】ボタンをクリックしてください。

③「書籍特典ダウンロードページ」の「コンサルタントのための　課題解決型ヒアリングの技術」の【書籍特典ダウンロード】ボタンをクリックしてください。

④「書籍特典ダウンロードページ」のパスワード入力欄に、以下のパスワードを入力して、【確定】ボタンをクリックします。

パスワード：　24880　確定

⑤申込フォームに必要事項を記入し、【送信】ボタンをクリックします。

⑥【送信】ボタンをクリックしてしばらくすると、⑤で入力したメールアドレス宛に、ダウンロード案内のメールが届きます。メールの本文にある「書籍特典ダウンロードリンク」にアクセスすると、ダウンロードできます。

【著者紹介】

寺嶋 直史（てらじま なおし）

事業再生コンサルタント、中小企業診断士、株式会社レヴィング・パートナー代表取締役。大手総合電機メーカーに15年在籍し、部門で社長賞等多数の業績に貢献、個人では幹部候補にも抜擢される。その後独立してコンサルティング会社を立ち上げ、多くの中小企業を再生に導いている。その他、1年で一流の経営コンサルタントを養成する「経営コンサルタント養成塾」の塾長として、金融知識、課題解決思考、課題解決型ヒアリング、事業DD、財務分析、経営改善手法、事業計画、ブランディングなど幅広い講義を実施。著書に『再生コンサルティングの質を高める 事業デューデリジェンスの実務入門』（中央経済社）、『中小企業のM&Aを成功に導くスモールPMI実務入門』（共著、中央経済社）等がある。

ホームページ　https://reving-partner.co.jp

コンサルタントのための

課題解決型ヒアリングの技術

2024年3月1日　第1版第1刷発行

著者　寺嶋直史
発行者　山本継
発行所　㈱中央経済社
発売元　㈱中央経済グループパブリッシング

〒101-0051　東京都千代田区神田神保町1-35
電話　03（3293）3371（編集代表）
03（3293）3381（営業代表）
https://www.chuokeizai.co.jp

印刷／㈱堀内印刷所
製本／㈲井上製本所

ISBN978-4-502-48801-6　C3034